高校入試を制する国語「選択問題」の解き方の基本

早瀬律子
Ritsuko Hayase

文芸社

はじめに

本書は、国語の読解問題における「記号選択式問題」（以下「選択問題」と記します）の解き方に絞って解説したものです。

入試においてはマークシート方式が導入されたのを機に、多くの試験にこの問題形式が採用されるようになり、現在では、中学校から大学に至るまで、ほとんどの試験でこの「選択問題」が出題されています。

「選択問題」は、部分点が期待できる「記述式問題」とは違い、**正解ならば得点、不正解ならば0点と、白黒がはっきりとついてしまう設問**です。受験では1点、2点の差で合否が分かれてしまう場合もありますから、この**「選択問題」で確実に正解を得ることができれば、必ず合格の決め手となります。**

ところが、塾講師・家庭教師としてあらゆる年代の受験生を指導する中で、「選択問題」の解き方を知らない人がかなり多く見られました。

例えば、設問で指定されている本文中の傍線部だけをサラッと見て、すぐに解き始めてしまう受験生は多いのですが、**実は「傍線部を含む一文の内容をきちんと把握する」ということなしに正解**

を得ることは難しいのです。その一文には**正解を導く重要なヒント**が含まれており、「主語・述語」「指示語の内容」「接続語」などを正確にとらえて解くことが必須だからです。残り2つまでは絞れているのに、最終的に間違いのほうの選択肢を選んでしまうようなケースは、こうした解き方の基本を押さえず、「自分の感覚」を頼りに取捨選択をしていることに原因があるのではないかと思われます。

そこで、「選択問題」に自信のない人や自分の感覚で解いてきた人を対象に、「選択問題」の解き方の基本を身につけていただくことを目指したのが本書です。主に中学生（高校受験生）に使用していただくことを想定しておりますが、国語の入試問題においては、**どの学年であっても文章の読み方、問題の解き方の基本は共通**であるため、今から解き方をマスターしたいという中学受験生や、これまで基本を習ったことがないという高校生にも活用していただける内容にしたつもりです。

「選択問題」の解き方の基本を伝えることを最大の目的としておりますので、解説の問題文は読みやすいものを採用しました。文章の構造が複雑だったり、内容が難解だったりすると、「基本的なきまりごと」の理解がおろそかになりがちですし、「きまりごと」の理解が不十分なままでは、よりハイレベルの問題を理解することはできないからです。とはいえ、本書でも実際の入試問題を題材として解説しております。本書を繰り返し読み、しっかりとマスターしていただければ、あらゆる入試問題に対応できる「土台」が完成したと言えるでしょう。

なお、本書で言う「選択問題」とは、最重要ポイントである「問題文の内容を理解しているかどうかを問う設問」を指します。本文中に傍線が引かれた箇所について、「最もふさわしいもの（あるいは、ふさわしくないもの）を選びなさい」という種類の設問です。「選択問題」には他にも、本文中の「語句の意味」を問うもの、空欄に当てはまる「接続詞」や「副詞」を選ぶものなどがありますが、単に知識を問われているだけの設問は本書では対象としておりません。

正解かどうか微妙だなと思える選択肢を前にしたとき、自分の感覚ではなく、**解き方の基本を踏まえ、本文中から「答えの手がかり」を探し出して論理的に選び抜くプロセス**を、ぜひ本書で学んでください。「選択問題」に自信を深め、国語の得点力アップに役立てていただければ、この上なく幸せです。

早瀬律子

高校入試を制する
国語「選択問題」の解き方の基本

目次

はじめに……2
本書の特徴と使い方……6

1章 説明的文章の選択問題の解き方
Ⅰ 説明的文章を読み解くためのポイント……12
Ⅱ 説明的文章における選択問題の解き方と手順……19
Ⅲ 知っておくと役に立つ選択肢の選別ポイント……27

2章 文学的文章の選択問題の解き方
Ⅰ 文学的文章を読み解く3つのポイント……32
Ⅱ 文学的文章で出題される5つのパターン……36
Ⅲ 文学的文章における選択問題の解き方と手順……46

3章 入試問題における選択問題の解説
説明的文章・問題1の解説（豊島岡女子学園中学校入試問題）……54
説明的文章・問題2の解説（法政大学第二高校入試問題）……65
説明的文章・問題3の解説（東京都立高校入試問題）……77
文学的文章・問題1の解説（渋谷教育学園渋谷中学校入試問題）……89
文学的文章・問題2の解説（東京都立高校入試問題）……102
文学的文章・問題3の解説（東京学芸大学附属高校入試問題）……114

おわりに……127

本書の特徴と使い方

「選択問題」の解き方には、実にさまざまな方法が存在します。例えば、「いきなり設問を読み、その都度問題文を読んで解く」という方法や、「設問を読み、自分なりの答えを考えてから、その答えと一致する内容の選択肢を選ぶ」という方法など、指導者によって教え方は異なります。

そのような中、本書では、「傍線部を含む一文を丁寧に読み取り、本文中から〝答えの手がかり〟を探し出し、その内容と選択肢を照らし合わせる解き方」をお伝えします。

というのは、最近の入試における「選択問題」の傾向として、傍線部の解釈や本文の内容について、いくつかの選択肢の中から「最もふさわしいもの（あるいは、ふさわしくないもの）」を選ぶという切り口が主流となっているからです。

かつての「選択問題」では、「最も適切なもの」ではなく、「適切なもの」を選ぶような指示の設問が多く、選択肢の中に「ふさわしいもの」が複数あるケースはほとんど見られませんでした。その場合、正解の選択肢以外はすべて本文中の答えの根拠となる内容とは違っているため、取捨選択をする際の判断基準が明確だったのです。

しかし､最近では「最もふさわしいもの」を選ぶよう指示をされている設問が主流になっており、ときには「ふさわしい」と思われる選択肢が2つ以上含まれている設問もあり、このようなケースにおいては「ふさわしいもの」の中から、さらに「最もふさわしいもの」を選び抜かなければなりません。また、一見すると「ふさわしい」と思える選択肢でも、出題者が文章のごく細部に誤った箇所をつくり、ミスを誘う事例もあります。

このような状況を踏まえ、本書では、本文の正確な読み取りにより「答えの手がかり」を見つけ、その**「根拠」をもとに選択肢を選ぶ**という、論理的に選び抜く「解き方の基本」をお伝えするのであり、単なる消去法のテクニックとは異なります。

さて、入試に出題される問題文は、①「説明文・論説文」、②「小説・物語文」、③「随筆文」の3種類です。このうち「随筆文」というのは、読者に伝えたいことをキーワードに託して論を進める「論説的な随筆文」のタイプと、あるエピソードをもとに人とのやりとりを通して心情を綴った「物語的な随筆文」のタイプに分かれます。そこで本書では、「説明文・論説文」と「論説的な随筆文」をまとめて**「説明的文章」**とし、「小説・物語文」と「物語的な随筆文」をまとめて**「文学的文章」**としました。

「説明的文章」と「文学的文章」では、文章を読むときのポイントのつかみ方、選択問題を解くときの着眼点が異なりますので、それぞれに応じて解説しました。学習の手順は次の通りです。

1　説明的文章を読み解くためのポイントをつかむ

まずは1章の中の「I　説明的文章を読み解くためのポイント」を読んでください。例文を用意しましたので、繰り返し出てくる重要な言葉**（キーワード）に着目**して、段落の要点をとらえるコツ、**段落と段落との「関係」を意識**しながら読み進めるコツをつかみましょう。

2　説明的文章における選択問題の解き方と手順を理解する

次に「Ⅱ　説明的文章における選択問題の解き方と手順」に進みましょう。例題を用いて選択問題の解き方と手順を具体的に説明しましたので、この流れを覚えてください。特に**「傍線部を含む一文」を分析する方法は重要ポイント**なので、マスターしてください。

3　選択肢の「選別ポイント」を知る

「Ⅲ　知っておくと役に立つ選択肢の選別ポイント」では、**「正解となる選択肢」「不正解となる選択肢」のパターン**を紹介しました。もちろん、本文の内容と照らし合わせて判断することが大事ですが、このパターンを知っておくと、**選択肢を取捨選択する際の目安**となります。

4　文学的文章を読み解くためのポイントをつかむ

説明的文章と文学的文章では文章のスタイルが異なるため、読み解くポイントも変わります。2章の「Ⅰ　文学的文章を読み解く3つのポイント」の例文を読みながら、**「出来事（事態や状況）」「言動（セリフや行動）」「気持ち」の3つのポイントをとらえるコツ**をつかみましょう。

5 文学的文章で出題される設問パターンを覚える

続く「Ⅱ　文学的文章で出題される5つのパターン」では、**入試で出題される主な5つの設問パターン**を紹介しました。それぞれのパターンごとに「答えの手がかり」の探し方を説明しましたので、しっかりと覚えておきましょう。

6 文学的文章における選択問題の解き方と手順を理解する

5つの設問パターンにおける「答えの手がかり」の探し方を覚えたら、「Ⅲ　文学的文章における選択問題の解き方と手順」に進みましょう。例題を用いて選択問題の解き方と手順を具体的に説明しました。このタイプの文章でも、特に「傍線部を含む一文」を分析する方法は重要です。

7 入試問題を解く

1章と2章で解説した解き方を用いて、「別冊問題編」の問題を解いてみましょう。解いたあとは本冊の解説を読みながら答え合わせをしましょう。もし間違えた問題があれば、解説を参考に文章を読み直し、**「答えの手がかり」が本文中のどこに書かれていたのかを確認**してください。

＊一度で完全に理解するのは難しいと思いますので、以上の手順を何度も繰り返してください。間違えた問題は必ずもう一度解き、解説を熟読するようにしてください。本書の問題を全問正解できるようになったら、他の問題などで演習してください。

1章 説明的文章の選択問題の解き方

Ⅰ 説明的文章を読み解くためのポイント

◇段落と段落の「つながり方」を意識する

みなさんは読解問題における「説明的文章」をどのように読んでいますか？

文章を読むときには、その部分**（段落）**に何が書かれているのかを理解する必要があります。当然のことではあるのですが、説明的文章というのは「筆者の思いや考えを説明したり論じたりした文章」と言えますから、**「筆者の言いたいこと＝筆者にとって重要な内容」が繰り返される**ことが多いのです。

筆者は言いたいことを**繰り返し出てくる重要な言葉（キーワード）**や似た意味の言葉**（類義語）**に託して「論」を進めていきますので、**「キーワード」＋「類義語」**で読み進めていくと、「ここにはだいたいこんなことが書かれているな」と、大まかな内容**（要点）**をつかむことができます。

一つの段落の要点を把握できたら、それに続く段落を順々に読み進めていくことになります。そのときに**段落と段落がどのような「関係」でつながっているか**を意識して読むと、説明的文章はとても理解しやすくなります。たとえば、「前の段落の具体例が書かれているな」とか、「話題が変わっているな」とか、「反対の意見が述べられているな」というように、その関係をつかみながら読み進めるのです。

それでは、次の例文を、段落同士のつながり方を意識しながら読んでみましょう（○内の数字は**形式段落**の番号を表しています）。

①高度経済成長期以降、日本の会社では労働の形態が大きく変化した。終身雇用や年功序列といった伝統的な制度が弱体化し、「個人主義」「能力主義」を基準とする考え方が浸透してきた。ビジネスにおいては効率や成果が最優先事項となり、長年勤めてきた年配者に報いるよりも、勤務期間や年齢を問わず、仕事で成果を上げてくれる人を重んじるという変化が見られる。

②例えば、ゲームを制作するIT産業においては、新参者であっても実力さえあれば上級職に就ける環境にあるなど、個人の能力を評価するシステムが徐々に日本のビジネス界に広まりつつある。戦後形成された社会体制や民主主義の影響で、「個人」を第一に優先する欧米型の思想が流れ込み、日本人のものの考え方や価値観も大きく変わった。

③しかし、そのような風潮にあっても、集団内での協調性を重んじるという昔からの考え方は完全に消えることなく、今もなお受け継がれていると言える。

④組織運営におけるマネジメントの重要性を広めた経営学者のピーター・ドラッカーは日本社会について、「ルールを重んじ、集団の意志に従うタテ社会であり、協調こそ大きな特質だ」と評している。

⑤その例として彼は、高度経済成長を支えた「日本株式会社」と呼ばれる家族的経営システムが、

日本社会から自然に発生したものであることを挙げている。また、農村部において継続されている「家」社会の閉鎖性も本質は同じである、と指摘している。
⑥日本にはもともと個の独自性よりも集団を中心とした協調こそが大事であるという考え方が根強くあった。それは、一つには自然に恵まれていた日本が農耕社会であったということが挙げられる。移動を繰り返す遊牧民族の社会とは異なり、定住を基本として田畑を耕すことを生業《なりわい》とする農耕社会では、農作業を協力して進めることが生きていくうえで必要な手段であり、協同作業を円滑に進めるために隣人との対立を避ける傾向が強かったのである。それゆえ、その共同体においては、なるべく自己主張を抑え、妥協と協調を第一義とする必然性があった。
⑦日本人が今でも集団社会に順応していくことの大切さを重んじるのは、その時代から引き継がれた「ものの考え方」の名残かもしれない。

この例文は、「集団における日本人の考え方」について、「高度経済成長期以降」と「昔」を**対比しながら論を展開している**点に着目して内容を読み取りましょう。

まず①は「序論」の部分で、「これから私はこういうことを述べますよ」という助走段階です。筆者が「問題提起」をしていることが多いのですが、「伝えたい自分の主張」を述べている場合もあります。この例文では、高度経済成長期以降の日本の会社における労働状況の変化について述べ、論をスタートしています。

［①の要点］高度経済成長期以降、日本の会社では労働形態が変化し、「個人主義」「能力主義」の考え方が浸透した。終身雇用や年功序列といった伝統的な制度が弱体化し、成果を上げてくれる人を重んじるようになった。

続く②の文章は、「例えば」という「例示の接続語」で始まり、①の内容を詳しく説明するための**具体例**が挙げられています。筆者は、自分の主張を読者に納得してもらうために、何かの事実やエピソード、あるいは自分の体験などを用いて説明することがあります。②から⑥までは「詳しい説明の部分」、すなわち「本論」に当たる部分です。

［②の要点］（例えば）ＩＴ産業のように実力が評価される環境が広がるなど、戦後は「個人」を優先する欧米型の思想が流れ込み、日本人のものの考え方も変わった。

③は、「しかし」という「逆接の接続語」で始まり、②とは**反対の内容**が述べられています。

〔③の要点〕（しかし）集団内での協調性を重んじる昔からの考え方は受け継がれている。

④では経営学者のピーター・ドラッカーが**日本社会の特質について述べた言葉が引用**されています。引用とは、他人の言葉や文章を自分の文章の中に引いて用いることです。筆者一人が繰り返し自分の主張を述べるよりも、昔から言い伝えられていることや著名な人の言葉を引用すると、読者への説得力が増すという効果があります。

〔④の要点〕ピーター・ドラッカーは、日本社会について「集団の意志に従うタテ社会であり、協調こそ特質だ」と評している。

⑤は、「その例として」という書き出しで、再び④の**具体例**が述べられています。「その」という**「指示語の内容」**を把握するのが重要で、ここでの「その例」とは、「ルールを重んじ、集団の意志に従うタテ社会であり、協調こそ大きな特質であると評している例」のことです。

〔⑤の要点〕（その例として）彼は「日本株式会社」の経営システムや農村部における「家」社会の閉鎖性は、日本社会から自然に発生したものであることを挙げている。

⑥は、④⑤における引用の言葉を受けて「協調こそが日本社会の特質」になった**理由を詳しく説明**しています。

この⑥の内容は、②の内容と対比の関係になっています。②では、「個人を第一に優先する欧米型の思想が流れ込み、日本人のものの考え方が変わった」ことを述べているのに対し、⑥は、「農耕社会の日本では個の独自性よりも集団における協調が重視されてきた」という事実を述べています。筆者はドラッカーが述べた日本社会の特質についてさらに理由を掘り下げて詳しく説明しているわけですから、**②よりも⑥の内容のほうを読者に強く伝えたいのです。**

このように筆者は、自分の述べている事実を他の事実と比較したり、自分の主張を誰かの主張と比較したりすることによって、読者を効果的に説得する手法をとる場合があります。このような対比の関係を押さえておくと、「筆者が強調したいこと」を明確にキャッチできます。

［**⑥の要点**］農耕社会であった日本では、定住を基本とし、隣人と協力して農作業を円滑に進めるために、共同体においては妥協と協調を第一義とする考え方が根強くあった。

⑦は、今までの内容や筆者の言いたいことをまとめている「結論」の部分です。「その時代」の「その」は指示語で、示している内容は、⑥で述べられていた「農耕社会の時代」です。

［⑦の要点］日本人が集団に順応することを重視するのは、農耕社会の時代における考え方の名残かもしれない。

この例文の段落同士の「関係」（つながり方）をまとめてみます。

①段落は、「問題提起」をしている。
②段落は、**「例」**を挙げて、①の段落の内容を詳しく説明している。
③段落は、①②の段落とは**「反対の内容」**を述べている。
④段落は、**「引用」**を使って、③の段落の内容を詳しく説明している。
⑤段落は、**「例」**を挙げて、④の段落の内容を詳しく説明している。
⑥段落は、③④⑤段落の根拠となる**「理由」**を説明している。
⑦段落は、**「主張＝言いたいこと」**をまとめている。

このように、段落同士のつながり方を意識すると、文章の筋道をきちんとたどりながら正確に内容を理解できます。さらに、設問を解くときに、「答えの手がかり」を探し出しやすくなります。

例えば、高度経済成長期以降の労働形態や日本人の価値観について聞かれていれば①と②、協調性を重んじる日本人の考え方について聞かれているときには③以降、また、引用されている内容について問われたときは④と⑤に目を走らせるという具合です。

Ⅱ 説明的文章における選択問題の解き方と手順

それでは、説明的文章における選択問題の解き方と手順を説明します。例題を用いて説明したほうがわかりやすいと思いますので、先ほどの例文を読んであとの問いに答えてください。

①高度経済成長期以降、日本の会社では労働の形態が大きく変化した。終身雇用や年功序列といった伝統的な制度が弱体化し、「個人主義」「能力主義」を基準とする考え方が浸透してきた。ビジネスにおいては効率や成果が最優先事項となり、長年勤めてきた年配者に報いるよりも、勤務期間や年齢を問わず、仕事で成果を上げてくれる人を重んじるという変化が見られる。

②例えば、ゲームを制作するＩＴ産業においては、新参者であっても実力さえあれば上級職に就け

る環境にあるなど、個人の能力を評価するシステムが徐々に日本のビジネス界に広まりつつある。戦後形成された社会体制や民主主義の影響で、「個人」を第一に優先する欧米型の思想が流れ込み、日本人のものの考え方や価値観も大きく変わった。

③しかし、そのような風潮にあっても、集団内での協調性を重んじるという昔からの考え方は完全に消えることなく、今もなお受け継がれていると言える。

④組織運営におけるマネジメントの重要性を広めた経営学者のピーター・ドラッカーは日本社会について、「ルールを重んじ、集団の意志に従うタテ社会であり、協調こそ大きな特質だ」と評している。

⑤その例として彼は、高度経済成長を支えた「日本株式会社」と呼ばれる家族的経営システムが、日本社会から自然に発生したものであることを挙げている。また、農村部において継続されている「家」社会の閉鎖性も本質は同じである、と指摘している。

⑥日本にはもともと個の独自性よりも集団を中心とした協調こそが大事であるという考え方が根強くあった。それは、一つには自然に恵まれていた日本が農耕社会であったということが挙げられる。移動を繰り返す遊牧民族の社会とは異なり、定住を基本として田畑を耕すことを生業とする農耕社会では、農作業を協力して進めることが生きていくうえで必要な手段であり、協同作業を円滑に進めるために隣人との対立を避ける傾向が強かったのである。それゆえ、その共同体においては、なるべく自己主張を抑え、(A)妥協と協調を第一義とする必然性があった。

⑦日本人が今でも集団社会に順応していくことの大切さを重んじるのは、その時代から引き継がれた「ものの考え方」の名残かもしれない。

問 **傍線部（A）「妥協と協調を第一義とする必然性があった」とありますが、それはなぜですか。その理由の説明として最もふさわしいものを、次の中から一つ選びなさい。**

ア 農耕社会であった日本では、農作業を協力し合いながら進める必要があるため、「個人」を第一優先とした考え方や「能力主義」は集団において不要とみなされていたから。

イ 民主主義が浸透し、欧米型の思想が流れ込んでくる前の日本では、集団における序列は実力の増減により変動されるべきではなく、年功序列こそが重要だと考えられていたから。

ウ 農耕社会であった日本では、一定の場所に住居を構え、協力して田畑を耕す生活が基本であり、お互いに相手に合わせて円満に事を進める必要があったから。

エ ルールを重んじて集団の意志に従うことは、もともと日本人の特質に合っており、自己主張を抑え、温情主義で人間関係を大切にする習慣が根強いから。

【手順1】設問で「聞かれていること」＝「答えるべきこと」に印をつける

「ケアレスミス」の原因の多くは設問文の読み間違いです。心の中で音読し、重要な箇所に線を引いたり、○印をつけたりしながら、**「何を聞かれているのか」**＝**「何を答えるべきなのか」**を頭の中に入れていきます。この例題の設問では、「妥協と協調を第一義とする必然性があった理由」を聞かれています。**「なぜ」**と**「理由」**を○で囲むといいでしょう（線や○は、設問の読み間違いを防ぐためのものですので、自分のやりやすい印でOKです！）。

【手順2】「傍線部を含む一文」を分析する

「傍線部を含む一文」とは、傍線部だけではなく、傍線が引かれている部分を含む文章の始まりから終わりまでのことです。この例文で言えば、次の「一文」になります。

> それゆえ、その共同体においては、なるべく自己主張を抑え、妥協と協調を第一義とする必然性があった。

「なぜ傍線部だけではなく、一文なの？」という疑問があるかもしれないのでお答えします。

傍線部を分析することはもちろん大事なのですが（まれに傍線部を言い換えただけの選択肢が正解になるケースもあります）、**傍線部を読んだだけではわからない重要なヒントが、傍線部を含む一文全体に含まれているから**です。例えば、この設問の傍線部だけを読んでも、「必然性があった」のは「誰にとって」なのかなどがわからず、勘違いをしたまま選択肢を選んでしまうことにもなりかねません。しかし、「傍線部を含む一文」を分析すると、あいまいな部分がかなりはっきりとしてくるのです。

「分析」と言うと難しく聞こえますが、次の「3つのポイント」を確認すればいいのです。

ポイント①「主語・述語」を確認する

傍線部の「主語」は「必然性が」、述語は「あった」です。

ポイント②「指示語」の内容を確認する

「指示語」がありました。「その共同体」の「その」です。「その」が何を指しているかをとらえることが重要で、ここでは「農作業を協力して進める共同体」のことです。

ポイント③「接続語」があったら文のつながり方を確認する

「それゆえ」という「接続語」がありました。この「接続語」は、前の文の内容から当然起こる事柄を後ろの文につなげる働きをします。ですので、ここでは、前の文には「理由」、後ろの文には「その結果や結論」が書かれていることに着目しましょう。

さて、この3つのポイントの確認の結果、傍線部を含む一文は、次のように「肉付け」することができます。

> （前の文で理由を説明）。その結果、農作業を協力して進める共同体においては、なるべく自己主張を抑え、妥協と協調を第一義とする必然性があった。

いかがでしょうか？　だいぶわかりやすくなったのではないでしょうか？

【手順3】本文中から「答えの手がかり」を探す

設問で聞かれていることに対応する「答えの手がかり」を本文中から探し出します。ここで聞かれているのは、「妥協と協調を第一義とする必然性があった理由」ですから、その理由が書かれている部分を探します。すると、この傍線部を含む一文の直前、**⑥の段落に書かれていました。**ここの内容が「答えの手がかり」となります。

⑥日本にはもともと個の独自性よりも集団を中心とした協調こそが大事であるという考え方が根強くあった。それは、一つには自然に恵まれていた日本が農耕社会であったということが挙げられる。移動を繰り返す遊牧民族の社会とは異なり、定住を基本として田畑を耕すことを生業とする農耕社会では、農作業を協力して進めることが生きていくうえで必要な手段であり、協同作業を円滑に進めるために隣人との対立を避ける傾向が強かったのである。それゆえ、その共同体においては、なるべく自己主張を抑え、(A)妥協と協調を第一義とする必然性があった。

⇓

・日本では集団を中心とした協調こそが大事であるという考え方が根強かった。

・農耕社会であった日本は、定住を基本として農作業を協力して進めることが必要だった。
⇦（その理由は）
⇦（だから）
・協同作業を円滑に進めるために対立を避ける傾向が強かった。

【手順4】「答えの手がかり」をもとに正解を選ぶ

本文から探し当てた「答えの手がかり」の内容と照らし合わせて選びます。各選択肢の文の「主語」と「述語」をきちんと押さえてから内容を吟味してください。自分が読みやすいところで文を区切りながら、「ここまでＯＫ」「ここまでＯＫ」「ここが違うから×」というように、間違っている部分に線を引き、小さな×を書いていきます。選択肢の文を読み始めてすぐの段階で、「答えの手がかり」とはまったく内容のズレているもの、本文中に一切書かれていない内容のものには、**即座に記号に×をつけていいでしょう。**また、設問によっては、「ふさわしいもの」が複数あり、その中で「最もふさわしいもの」を選ぶことを迫られる場合もあります。迷ったときには、**いったん記号に△**の印をつけておき、最後の段階で「どちらがよりふさわしいのか」を比較検討しましょう。

それでは、「答えの手がかり」と照らし合わせながら、選択肢を一つずつ見極めていきます。

ア　農耕社会であった日本では、農作業を協力し合いながら進める必要があるため、「個人」を第一優先

とした考え方や「能力主義」は集団において不要とみなされていたから。

＊「農耕社会であった日本では、農作業を協力し合いながら進める必要があるため」まではＯＫです。しかし、「個人」を第一優先とした考え方や「能力主義」が「不要とみなされていた」ということは一切書かれていません。根拠がありませんので「不要とみなされていた」のところは×です。

イ　**民主主義が浸透し、欧米型の思想が流れ込んでくる前の日本では、集団における序列は実力の増減により変動されるべきではなく、年功序列こそが重要だと考えられていたから。**

＊この選択肢の文は、「答えの手がかり」の内容とはズレていますので、設問の答えとして適していません。すぐに記号に×をつけていいでしょう。ちなみに、集団の序列に関しても、「実力による変動ではなく年功序列」が重視されていたかどうかという根拠が本文中にありません。

ウ　**農耕社会であった日本では、一定の場所に住居を構え、協力して田畑を耕す生活が基本であり、お互いに相手に合わせて円満に事を進める必要があったから。**

＊「農耕社会であった日本では」までＯＫです。「一定の場所に住居を構え、協力して田畑を耕す生活が基本であり」という部分は、「答えの手がかり」の「定住を基本として農作業を協力して進めることが必要」と内容が一致しています。「一定の場所に住居を構え」は「定住」の言い換え、「協力して田畑を耕す」は「農作業を協力して進める」の言い換えで、内容は同じです。また、「お互いに相手に合わせて円満に事を進める必要があった」は、傍線部自体の「妥協と協調を第一義とする必然性があった」と一致しています。「妥協と協調」とは、「お互いが譲り合ってものごとがうまく進むように力を合わせること」という意味ですから、この選択肢の「お互いに相手に合わせて円

満に事を進める」の部分はその言い換えとして成立しています。したがって、**ウは正解**です。このように正解の選択肢を見極めるポイントは、多くの場合「選択肢の文」が、**本文中の「答えの手がかり」の内容の言い換えとして正しく成立しているかどうか**にあります。

エ

×
ルールを重んじて集団の意志に従うことは、もともと日本人の特質に合っており、自己主張を抑え、温情主義で人間関係を大切にする習慣が根強いから。

＊この選択肢の文も「答えの手がかり」の内容とはズレていて、設問に対応する答えとしては不適切です。すぐに記号に×をつけましょう。ちなみに、「ルールを重んじて集団の意志に従うことは、もともと日本人の特質に合っており」と「温情主義で人間関係を大切にする習慣が根強い」の部分は本文中にも根拠がありません。

Ⅲ　知っておくと役に立つ選択肢の選別ポイント

ここで、選択肢のカラクリをお伝えしましょう。「正解となる選択肢」と「不正解となる選択肢」にはある程度のパターンがあります。すべての場合に当てはまるとは限りませんが、一つの目安として知っておくと、**選別するときに非常に役立ちます。**「答えの手がかり」をもとに解答する際の参考にしてください。

◆正解となる選択肢のパターン

正解となる選択肢の文章は、原則として本文中に書かれている**「答えの手がかり」の部分の内容と一致**しています。しかし、本文の文章を一部そっくりそのまま抜き出して作成されているわけではありません。では、どのように作成されているのかといえば、解き方と手順を説明した例題の解説で触れたように、その内容を**過不足なく適切な表現で言い換えている**場合が多いのです。

◆不正解となる選択肢のパターン

①本文の内容とはまったく関係のないもの

設問の「答えの手がかり」は、必ず本文のどこかに書かれています。本文に書かれていない内容になっている選択肢は100パーセント間違いです。たとえ一般論としては正しくても、あるいは自分は「その意見が正しい」と思えても、「書かれていないこと」はすべて間違いです。

②本文の内容を大げさに表現しているもの

本文の内容と一致しているように思えても、大げさに表現している内容は違います。特に、次の表現には注意を払いましょう。

・全部　・すべて　・まったく　・常に　・いつも　・最も　・必ず　・唯一　・絶対に

もちろん、これらの表現が使われていても、本文の内容と一致している場合もあるので、「飛躍している内容になっていないか＝言いすぎていないかどうか」を**本文の内容をもとにきちんと確認することが大切**です。

③ 本文の内容が説明不足のもの

「言い足りない」パターンです。例えば、「最もふさわしいものを選びなさい」という設問の場合に、具体例など一部の内容しか書かれていないものと、根拠となる内容をすべて入れて、過不足なくまとめて書いてあるものがあれば、「すべて必要な内容を入れて書きまとめているもの」が正解となります。

④ 本文の内容と矛盾しているもの

本文に書かれているように見せかけていても、その選択肢の文の一部、あるいは一つの言葉によって、本文の内容と矛盾する意味になっているものは間違いです。例えば、「バラは美しい」と「バラも美しい」では、「は」と「も」が異なるだけですが、文の意味が違ってきますね。このように、たった一つの助詞が違うだけでも意味は変わりますから、文章を読みやすいところで区切りながら、細かくチェックをして判断しましょう。

⑤本文に書かれてはいるが、傍線部の内容とはズレていたり設問に対応していないもの

たとえ、本文に同じ内容が書かれていても、「聞かれていることとは無関係な内容の選択肢」は違います。例えば、「理由」を聞かれているのに、選択肢の文に「事実」が書いてある場合、本文中にその内容が書かれていても無効です。

2章　文学的文章の選択問題の解き方

Ⅰ 文学的文章を読み解く3つのポイント

小説などの文学作品や物語的な随筆文を、本書では「文学的文章」とします。1章で触れたように、「説明的文章」は、事実や情報などをもとに、筆者の言いたいことを論理的に展開していくスタイルの文章でしたが、**「文学的文章」は、そこに登場する人間（登場人物）の「営み」をストーリーにして展開していくスタイルの文章**と言えるでしょう。

「人間の営み」と言うと、何かスケールの大きな話のように聞こえてしまうかもしれませんが、例えば、登校して授業を受け、放課後は部活動に励み、帰宅後は夕食を取り入浴を済ませ、勉強して眠る、という日常生活も、十分に「人間の営み」です。

ただし、このような日常生活においても、ふだんとはちょっと違う出来事が起きることもあります。

文学的文章においては、必ず何かの**「出来事」があり**、登場人物がその出来事に対して反応し、**行動したり会話を交わしたり（「言動」）**します。そして、一番の特徴は、**人物の「気持ち」にスポットが当てられている**ことです。

それでは、次の例文で、「出来事」「言動」「気持ち」をとらえてみましょう。

今日から学校で期末テストが始まる。今週は部活動が休みになったので、ふだんより早く帰宅していたのだが、勉強しなくちゃと思いながらも、ついついゲームに夢中になってしまい、結局ほとんど勉強が手につかなかった。学校へ行きたくないなあと思いながら、ベッドからのろのろと起き上がり、リビングルームへ向かった。

食卓につくと、ご飯とみそ汁を持ってきた母が、「今日からテストよね。ちゃんと勉強したの？」と聞いてきた。僕はとっさに「大丈夫。がんばって勉強したよ」と嘘をついてしまった。なんだかうしろめたい。

重い足取りでとぼとぼと学校へ向かっていると、空からポツリポツリと雨が降ってきた。今朝は天気を気にする余裕もなかったから、傘を持ってきていない。

ああ、きっとテストはさんざんな結果に違いない。自業自得だと思う。僕は反省し、次は必ず勉強して満点を取ろうと心の中で誓った。

【1】出来事

・学校で期末テストがある。

「出来事」というのは、そこに**描かれている事態や状況のこと**です。何かしらの事件やアクシデントが起こる場合もありますし、「兄弟げんかをした」というようなちょっとしたことまで、大小さまざまですが、「出来事」がきっかけとなってストーリーは前に進んでいきます。例えば、この文章では、「学校で期末テストが始まる」という「出来事」があり、その状況においてストーリーが進行しています。

【2】（僕の）言動

・ふだんより早く帰宅した。
・ゲームに夢中になり、勉強していない。
・ベッドからのろのろと起き上がり、リビングルームへ向かった。
・母に「がんばって勉強した」と嘘をついた。
・とぼとぼと学校へ向かった。

「言動」というのは、**セリフ（その人物が言ったこと）と行動のこと**です。ストーリーには必ず何かの「出来事」があるというのは先ほど説明したとおりですが、登場人物はその**「出来事」に反応**したり、**他の人物と関わり**を持ったりすることで、行動したり会話を交わしたりします。例えば、「早く帰宅した」という行動は、期末テストがあるという「出来事」への反応ですし、母に「ちゃんと勉強したの？」と聞かれたので、「がんばって勉強した」と言っています。

もう一つ重要なことは、その人物の**気持ちがセリフや行動にあらわれる**ということです。例えば、学校で楽しみなことがあれば「素早く起き上がる」という行動になったかもしれませんが、「学校へ行きたくない」という気持ちが、「のろのろと起き上がった」という行動にあらわれているのです。

【3】（僕の）気持ち

・勉強しなくちゃと思った。
・学校へ行きたくない（という気持ち）。
・うしろめたい（気持ち）
・自業自得だ（という気持ち）。
・次は必ず勉強して満点を取ろう（という気持ち）。

登場人物は、**「出来事」や「自分の言動」や「他の人物とのやりとり」を通してさまざまな気持ちになります。**僕は、期末テストが始まるので「勉強しなくちゃ」と思いました。しかし、勉強していなかったので「学校へ行きたくない」気持ちになりました。また、母に嘘をついたことで「うしろめたい」気持ちになっています。

「出来事」「言動」「気持ち」の3つのポイントを読み取ることは、設問を解くときの**「答えの手がかり」となる情報をキャッチする際に非常に有効**です。というのも、文学的文章における設問では、人物の「行動の理由」や「気持ち」などを聞かれることが多く、その3つのポイントを押さえておくと**有益なヒントとして活用できる**からです。

例えば、先ほどの例文について、「なぜ僕は重い足取りでとぼとぼと学校へ向かったのですか」

と「人物の行動の理由」を聞かれる設問があったとしましょう。これに対する答えとしては、「期末テストがあるのに（**出来事**）、ゲームに夢中になって勉強をしていないので（僕の**行動**）、学校へ行きたくなかったから（僕の**気持ち**）」となります。

このように文学的文章の読解問題における**「答えの手がかり」は、主に「出来事」「言動（この場合は行動）」「気持ち」**の部分に書かれています。文章が長くなっても、この読み方は同じです。

3つのポイントを正確に、情報としてとらえるようにしてください。

Ⅱ 文学的文章で出題される5つのパターン

ところで、みなさんは国語の読解問題をじっくりと分析したことがありますか？

実は、**文学的文章における傍線解釈の設問は、これから紹介する5つのパターンがメインになっている**のです。ですから、この5つの設問パターンの解き方を身につければ、大きな得点力につながります。

これから例文を用いて、それぞれの設問パターンにおける「答えの手がかり」の探し方を解説します。まずは次の例文を読み、「出来事」「言動」「気持ち」をとらえてください。

角力《すもう》が始まった。誰《だれ》が始めたと言うのでもない、角力をやろうという皆の考えが偶然《ぐうぜん》に一致《いっち》したのに過ぎないのである。こんな時はいつでも弱々しい信一と誠二が一番さきに取り組むことに定まっていた。そしてある時は信一が、ある時は誠二が勝ったりしてほとんどどっちが強いとは言われないほどであった。今日も例によって①信一と誠二が一番さきに取り組んだ。なかなか勝負がつかなかった。信一も誠二もありったけの力を出して努めているんだがなかなか勝負がつかなかったのだ。そこで行司の勇ちゃんが「引き分けッ」と低く叫《さけ》んだ。しかし二人は夢中になってるのでそれが聞こえるはずがなかった。

勇ちゃんは女みたいな細いきれいな眉をちょっとひそめて「オイオイ引き分けだよ」と言って二人の傍《そば》に歩んで行った。ちょうどその時どうしたはずみか信一と誠二はほとんど一緒《いっしょ》に取り組んだままドシンと響《ひびき》を立てて、よほど強く地にうちたおれた。傍に歩んで行った勇ちゃんも傍杖《そばづえ》を食って一緒にたおれたのは無論《むろん》である。誠二はすぐ起き上がった。勇ちゃんも起き上がった、そして「今の勝負は前に言った通り引き分けとしまアす」と元気よく言った。誰もこれに対して不平を言わなかった。

しかし信一はころんだまま起き上がろうとはしなかった。誠二はこれを見て急に②心配になって、そばに行って「信ちゃんどうしたい」と声をかけた。しかし信一はだまって顔を押《お》さえていた。誠二は信一をよく見た。誠二はハッと思った。信一の顔を押さえている細い指の間から細い糸筋のような血がタラッタラッと二回続いて地面におちたのを見たからだ。

　誠二はこれアどっか怪我《けが》をしたなと気がついた時にはもう友だちの大抵《たいてい》も気がついていたのだった。もう角力どころの騒《さわ》ぎではなかった。誠二と勇ちゃんと二人で信一を抱《だ》き起こした。「どこを、いたくしたんだい」誠二は聞いた。信一はだまって両手を顔から離《はな》した。

　誠二はブルブル震《ふる》えた。信一の眼から血が――ソウダ確かに眼から血が出ている、誠二は妙《みょう》に凍《こお》ったような笑顔《えがお》を作って(A)「なんでもないや。家に入って、お母さんに薬をつけてもらって来たらどうだ」と言った、その声もオドオドして震《ふる》ってまでいたことは言うまでもないことだ。信一はだまって家の方に歩んだ。

　誠二は勇ちゃんと角力をやった跡《あと》をソワソワかたづけていた。誠二は横目でチョッと家の方に歩んで行った信一の方を見た。誠二は友だちが皆で信一をとりまくようにして何か信一に聞いているのを見た。

　信一は低くチョット何か友だちに言ったようであった。それを聞くと友だちは一斉《いっせい》ににらめるように眼を誠二の方にくばった。誠二はハッと固くなった。きっと今信一が皆に「誠ちゃんにやられたんだ」と言ったのにちがいない、イヤ確かに言ったのだ。僕《ぼく》が確かに信一の眼を傷つけたんだもの、と誠二は自分のからだが冷たくなるのを意識しながら考えた。友だちはバラバラ誠二と勇ちゃんのいる方に帰って来た、もう信一の姿は家に入ってしまった。友だちは「オレは知らないぞ」「源太に殺されるぞ、信ちゃんをあんなようにして……」「誰がやったか俺《おれ》はチャンと知ってるよ」等意地悪く言っていた。誠二の心はもう恐怖《きょうふ》の絶頂に上っていた。あの源太……今に怒《おこ》って来て……あの源太が……源太……誠二の頭に源太の二字がハッキリと焼印でおされていた。友だちは何か言っていた。誠二は源太の家から早く行こう、逃《に》げようと思った。しかし彼《かれ》にはそれはなんだか③一つの罪を作るもののように考えられた。

源太……源太、殺される……まさか……でも……誠二はガタガタ震っている自分をも恐《おそ》ろしさのために忘れていた。その時友だちが「来た来た」と小声で言ったのを聞いた。誠二はもうあきらめたような恐怖し過ぎたようなホントに変な心持ちになってしまった。だまって足もとに生えている④タンポポのつぼみを見つめていた。

そしてやがて起こる源太の⑤罵《のの》り声を待ち受けていた。

（太宰治『犠牲』による）

順番に5つの設問パターンを紹介していきます。

【1】登場人物の「言動の理由」を問われるパターン

登場人物の「言動の理由」、すなわち「登場人物がそう言った、そうしたのはなぜか」を問われるパターンです。このパターンでは、**答えの手がかりは「出来事」と「気持ち」にあることが多い**のです。例えば、「明日テストがある」という「出来事」があれば、たいていの人は「勉強する」でしょう。さらに、ある「出来事」によって「気持ち」が動き、それが「言動」につながるケースもあります。例えば、「誰かからプレゼントをもらった」という「出来事」があれば、「お返しをしたい」という「気持ち」になり、行動に移ることもあるでしょう。このように、人間（登場人物）は「出来事や気持ちが言動につながる」とも言えるのです。ですから、「言動の理由」を聞かれた場合は、**「出来事」**と**「気持ち」**の部分に着目することが大事です。

それではこのパターンの設問を解いてみましょう。

【問1】傍線部①「信一と誠二が一番さきに取り組んだ」とありますが、それはなぜですか。

【答え】皆で角力をする時には、常に信一と誠二がさきに取り組むことになっていたから。

＊問われているのは、登場人物（信一と誠二）の行動（角力を一番先に取り組んだ）の理由ですね。「出来事」に着目すると、傍線部の前に、「こんな時はいつでも弱々しい信一と誠二が一番さきに取り組むことに定まっていた」と書かれてあります。ここが「答えの手がかり」になります。

【2】登場人物の「気持ちの理由」を問われるパターン

登場人物の「気持ちの理由」を問われるパターンでは、**答えの手がかりは「出来事」と「言動」が大きなヒントとなります。**人間は出来事に遭遇し、相手と言葉を交わしたり、行動したりすることで、いろいろな「気持ち」になるからです。ですから、「気持ちの理由」を聞かれた場合は、「出来事」と「言動」の部分に着目することが大事です。

それではこのパターンの設問を解いてみましょう。

【問2】傍線部②「心配になって」とありますが、それはなぜですか。

【答え】一緒に取り組んだままたおれた信一が起き上がらず、ころんだままの状態だったから。

＊「心配になった」のは誠二。その理由を問われているわけですから、誠二の言動を探すと、「誠二はこれを見て」とあります。「これ」という指示語の内容をとらえることが大事で、ここでは「ころんだまま起き上がろうとしない信一」という意味です。ここが「答えの手がかり」です。

【3】内容に関することを問われるパターン

本文の内容に関することを問われたときには、特に**傍線部を含む一文を理解する**ことが大切です。「主語・述語」「指示語の内容」「接続語」などにヒントがあることが多いからです。また、問われている内容が本文のどのあたりに書かれているかを正確に読み取ることが大切です。

それではこのパターンの設問を解いてみましょう。

【問3】傍線部③「一つの罪」とありますが、「罪」とは具体的にはどのようなことを指していますか。

【答え】信一にけがをさせてしまったことを言わずに源太の家から逃げること。

＊傍線部を含む一文は「しかし彼《かれ》にはそれはなんだか一つの罪を作るもののように考えられた」となります。

この一文で最も注目したいのは、文頭にある「しかし」という「逆接の接続語」です。この指示語があった場合、**「あとに続く文章は前の文章と反対の内容が書かれている」**ことを意味しています。「しかし」の前には、友だちが「源太に殺されるぞ」などと口々に言っているのを聞いた誠二が恐怖の絶頂に上り、「源太の家から早く行こう、逃げようと思った」という「気持ち」が書かれていますから、「しかし」のあとの傍線部を含む一文は、「反対の気持ち」が書かれているということになるのです。

また、この一文には、明らかな「主語」は書かれていませんが、「述語」は「考えられた」ですので、「考えた」のは「彼＝誠二」であることが読み取れます。「それは」という「指示語の内容」は「源太の家から逃げようとすることは」ということになります。この「指示語の内容」と直前の「誠二の気持ち」が「答えの手がかり」です。

【4】登場人物の「気持ち」や「様子」を問われるパターン

「人物の気持ち」を問われるパターンでは、**どんな「出来事」があったのかを押さえながら問われている人物の言動や気持ち**に着目して「答えの手がかり」を探します。「気持ち」を読み取る際には、本文中に**感情を表現した言葉**（「うれしい」「悲しい」「楽しい」など）が書かれていれば、**その言葉がヒント**となります。また、「……と感じた」「……と思った」「……と考えた」などの表現があったときには、**「……」の部分に「気持ちにあたる内容」が書かれている**ことが多いものです。これらの表現がないときには、その人物の言動が「答えの手がかり」となります。
それではこのパターンの設問を解いてみましょう。

【問4】傍線部④「タンポポのつぼみを見つめていた」とありますが、このとき誠二はどのような気持ちでしたか。

【答え】あきらめたような恐怖し過ぎたような変な気持ち。

＊「誠二の気持ち」がストレートに「感情を表現した言葉」で書かれていました。ここが「答えの手がかり」です。

【5】登場人物の「性格（人柄）」を問われるパターン

みなさんは他人の性格をどのように判断しているでしょうか。相手の行動や会話のやりとりから、「この人はこういう性格かな」と判断しているはずです。登場人物も同じで、筆者は場面ごとに「出来事」を設定し、人物の**「セリフや行動」を描くことによって性格を表現している**のです。また、その人物の**「気持ち」**の描写も性格を判断する上で重要な「答えの手がかり」となります。
ところで、「人物の性格（人柄）」を問われるパターンには、主に2つのタイプがあります。ひとつは、「傍線部からその人物の性格を問われるタイプ」、もうひとつは、「文章全体からその人物の性格を問われるタイプ」です。どちらのパターンも「答えの手がかり」となる内容は、「出来事」「言動」「気持ち」の3つですが、手がかりの「探し方」が異なります。

① 傍線部から問われるタイプ

「答えの手がかり」を、**主に問われている場面の**「出来事」「言動」「気持ち」から探す。

② 文章全体から問われるタイプ

「答えの手がかり」を、**すべての場面の**「出来事」「言動」「気持ち」から探す。

①のタイプは比較的探しやすいと思いますが、②のタイプは「答えの手がかり」が本文の一部だけに書かれているわけではありません。すべての場面を通して、「出来事」「言動」「気持ち」を読み取り、総合的に判断をしていく必要があります。

例えば、ある男子中学生が主人公の物語があったとしましょう。ある場面に、この主人公が大勢を相手にケンカをしている描写があったとします。この場面だけを読み取れば、この男子生徒は「乱暴な性格」であると言えますが、別の場面で、雨が降りしきる中、道でクンクン鳴いている子犬を見つけて抱き上げ、頭をなでながら「お前、どこも行くところがないのか……」と言いながら、その子犬を家に連れて帰ってしまうという行動やセリフがあったらどうでしょうか。この男子生徒が「やさしい性格」を持っていることが読み取れますね。

ですから、②のタイプの場合は、**すべての場面に描かれている「出来事」「言動」「気持ち」**を踏まえて解答する必要があります。

ここでは例題として①のほうのパターンを解いてみましょう。

【問5】傍線部⑤「源太の罵り声を待ち受けていた」とありますが、ここには誠二のどのような性格があらわれていますか。

【答え】源太に叱られるのは恐ろしいが、自分が信一にけがをさせてしまった以上、逃げるわけにはいかないと考える正直な性格があらわれている。

＊まず、信一が家に入ってから、友だちが「源太に殺されるぞ、信ちゃんをあんなようにして……」と言う「出来事」がありました。そのとき誠二は恐怖の絶頂に上り、源太の家から逃げようという気持ちになりましたが、逃げることは罪を作ることだと思い直し、震えながら源太の罵り声を待ち受けました。この流れを追うと、「恐さから逃げるよりも、正直に告げること」を優先する誠二の性格が読み取れます。

Ⅲ　文学的文章における選択問題の解き方と手順

それでは、「選択問題の解き方と手順」を説明します。ここでは、最も出題率の高い「人物の気持ち」を問われる設問パターンを使って解説します。先ほどの例文（太宰治『犠牲』による）を読んで、次の問題を解いてください。

問　傍線部（A）「『なんでもないや。家に入って、お母さんに薬をつけてもらって来たらどうだ』と言った」とありますが、このとき誠二はどのような気持ちでしたか。最もふさわしいものを、次の中から一つ選びなさい。

ア　信一の眼から血が出ている様子が痛々しいので、かわいそうに思い、信一が泣きださないようにはげまそうと思っている。

イ　信一の眼にけがをさせてしまってかなり動揺してはいるが、冷静な振る舞いをして自分を落ち着かせなければと思っている。

ウ　自分が信一の眼にけがを負わせてしまったことがうしろめたいので、わざと明るく振る舞ってごまかしたいと思っている。

エ　信一の眼から出てくる血を見て怖くなって震えているものの、みんなから弱虫だと思われたらいけないので冷静に行動しなければと思っている。

【手順1】設問で「聞かれていること」＝「答えるべきこと」に印をつける

説明的文章のときと同様、設問文を読み間違えないように、重要な箇所に印をつけたりしながら、「何を聞かれているのか」＝「何を答えるべきなのか」を確認しましょう。この例題の設問では、「誠二の気持ち」を聞かれています。「気持ち」を○で囲むといいでしょう。

【手順2】「傍線部を含む一文」を分析する

「傍線部を含む一文」は、この例文で言えば、次の「一文」になります。読点（、）は文章がつながっていることを意味しますので、注意しましょう。

> 信一の眼から血が――ソウダ確かに眼から血が出ている、誠二は妙に凍ったような笑顔を作って「なんでもないや。家に入って、お母さんに薬をつけてもらって来たらどうだ」と言った、その声もオドオドして震ってまでいたことは言うまでもないことだ。

「傍線部を含む一文」を分析します。次の「3つのポイント」を確認しましょう。

ポイント①「主語・述語」を確認する

この傍線部には「主語」がありません。そういう場合は、「述語」を確認します。すると、「誠二の言動（セリフ）」のあとに「言った」という述語がありますので、「誰が言ったのか」を押さえます。一文の中から探していくと、傍線部の前に「誠二は」という「主語」が見つかりました。

ポイント②「指示語」の内容を確認する

「指示語」は「その声も」の「その」です。ここでは、「なんでもないや。家に入って、お母さんに薬をつけてもらって来たらどうだ」という声のことです。

ポイント③「接続語」があったら文のつながり方を確認する

「接続語」はありませんでした。

【手順3】本文中から「答えの手がかり」を探す

設問で聞かれていることに対応する「答えの手がかり」を本文中から探します。ここで聞かれているのは、「誠二の気持ち」ですから、その気持ちを推し測れる手がかりをとらえましょう。

⇩

・なかなか起き上がらない信一に声をかけたら、（信一の）眼から血が出ていた。

・誠二はブルブル震えた。
・妙に凍ったような笑顔を作って
・その（「なんでもないや。……」と言った）声もオドオドして震ってまでいた。

＊手がかりは、「出来事」と「誠二の言動」にありました。「凍ったような笑顔」という表現に注意しましょう。この笑顔は動揺していながらも無理に笑顔を作っているという意味です。「オドオド」というのは、緊張や不安や恐怖心で自分の気持ちが落ち着かない状態を意味しますので、誠二は、信一の血を見て不安や恐怖心で動揺していることがわかります。「言うまでもない」というのは、「あれこれ言う必要のないほどわかりきったことである」という意味で、「その声もオドオドして震ってまでいたことはもちろんである」ということです。

【手順4】「答えの手がかり」をもとに正解を選ぶ

説明的文章のときと同様、本文から探し当てた「答えの手がかり」の内容と照らし合わせて選びます。自分が読みやすいところで文を区切りながら、「ここまでＯＫ」「ここが違うから×」というように、間違っている部分に×印をつけていきます。選択肢の文が「答えの手がかり」とズレているもの、本文中に一切書かれていない内容のものには、**即座に記号に×**をつけていいでしょう。また、迷ったときには、**いったん記号に**△の印をつけておき、最後の段階で「どちらがよりふさわしいのか」を比較検討しましょう。

それでは、「答えの手がかり」と照らし合わせながら、選択肢を一つずつ見極めていきます。

ア　信一の眼から血が出ている様子が痛々しいので、かわいそうに思い、信一が泣きださないようにはげまそうと思っている。

＊誠二は、信一にけがをさせてしまったと思い込み、かなり動揺していますが、動揺しながらも無理に笑顔を作って、「なんでもないや。……」と言いながら、その声もオドオドと震えていました。この時点の誠二は、「信一が泣きださないようにはげまそう」と考える余裕はありませんし、自分自身を落ち着かせることで精一杯なことが読み取れます。ですから、この部分は×です。

イ　信一の眼にけがをさせてしまってかなり動揺してはいるが、冷静な振る舞いをして自分を落ち着かせなければと思っている。

＊「信一の眼にけがをさせてしまってかなり動揺してはいるが」の部分は、「答えの手がかり」と一致しています。また、ブルブル震えながらも無理に笑顔を作って「なんでもないや。……」と言っていることから、信一に言い聞かせるというよりも、自分自身に言い聞かせて落ち着こうと振る舞っていることがわかりますので、「冷静な振る舞いをして自分を落ち着かせなければと思っている」という部分も「答えの手がかり」の内容と一致しています。したがって、**イは正解**です。

ウ　自分が信一の眼にけがを負わせてしまったことがうしろめたいので、わざと明るく振る舞ってごまかしたいと思っている。

＊このときの誠二は、信一の眼にけがをさせたと思い込んで震えていますが、本文には、誠二がうし

ろめたいと思っているような描写はありませんので、この部分は違います。また、「わざと明るく振る舞ってごまかしたい」という内容もありません。よって×です。

エ　信一の眼から出てくる血を見て怖くなって震えているものの、みんなから弱虫だと思われたらいけないので冷静に行動しなければと思っている。

＊「答えの手がかり」には、誠二が「みんなから弱虫だと思われたらいけない」という気持ちの描写がありませんので、この部分は×です。

いかがですか？　「自分の感覚」で文章を読み解いてしまうと、設問に対応していない選択肢などに引っかかってしまうケースもありますが、あくまでも客観的に本文を読み取り、「答えの手がかり」を根拠に選ぶことができれば、必ず正解できます。

3章　入試問題における選択問題の解説

説明的文章・問題1の解説（豊島岡女子学園中学校入試問題）

この文章は、「当事者よりも、むしろ冷静な第三者のほうが深い意味をとらえていることもすくなくない」ということを述べています。「のぞき」「立ち聞き」「演技」という具体例を挙げながら、「局外者」「第三者」「観察者」「傍観者」などの**「外の立場」**と、**「当事者＝内の立場」**を対比して論を展開している点を読み取ることが重要です。

まず①の書き出しにある「局外者」という言葉は「その事柄に関係のない立場の人」という意味、続く「傍目八目」も「第三者は当事者よりも情勢が客観的によく判断できる」という意味です。あまり使わない言葉かもしれませんが、その次の「第三者」という言葉から、「第三者の類義語かな」というくらいに推測できれば大丈夫です。入試では知らない言葉が出てきても、文脈から**「おおその意味」をとらえることが重要です。**続く②の「責任のない立場」も「局外者」と同じような意味で使われています。そして「当事者」は「その事柄に直接関係している人」という意味ですから、**「局外者」と「当事者」を比較している**と想定できるでしょう。

③では、局外者の行為（見聞）として「のぞき」「立ち聞き」という**具体例**を挙げ、それらが戒められてきている理由を述べています。④⑤は、③の内容を受けて、人間が立ち聞きをしたくなる理由として、④では「人の心に天邪鬼が住んでいるから」、⑤では④に**さらに付け加えて**「興味を

そそる形式がひそんでいるから」と述べています。

⑥では「立ち聞き」について「聞く人」と「聞かれる人」の環境（コンテクスト）の違いについて述べ、⑦⑧ではその環境の違いが「表現の理解」にも関係することを述べています。

しかし⑨では、「だからと言って」とあるように、⑦⑧とは**反対の内容**が述べられています。「聞く人」と「聞かれる人」の重なり合う部分が大きいと、「わかりやすすぎておもしろくない」ということです。⑩〜⑫では、「立ち聞き」（のぞき見）がなくならない理由について、わかりにくさが好奇心をくすぐり、わからないまま「聞く側」が解釈することがおもしろいと述べています。

そして⑬で⑩〜⑫**の内容をまとめ、「のぞき」「立ち聞き」は人間の本能的衝動**だとしています。

⑭では、⑬で述べた「ほかの形式」の**具体例**として演劇を挙げ、⑮では演劇を「舞台上のコンテクスト（内）」と「客席のコンテクスト（外）」として、「のぞきの好奇心に似ている」としています。

⑯では、演劇が「のぞき」「立ち聞き」の変形であるとしています。⑰⑱ではその具体例を挙げ、客席（外）の観客のほうが舞台上（内）の役者よりも情報を知っているケースがあることを述べています。これが「のぞき」「立ち聞き」と同種の効果をもたらす「ドラマティック・アイロニー」という技巧であり、先に出てきた「明瞭な形での公認」というものでもあるのです。

最後の⑲では、**言いたいことをまとめています**が、これは書き出しと同じ内容です。この問題文では、書き出しにも筆者の言いたいことが述べられていたことになります。

問1の解説

【手順1】設問で「聞かれていること」＝「答えるべきこと」に印をつける

「局外者」とは本文中では**どのような者**か、最も**適当なもの**を選ぶ。

【手順2】「傍線部を含む一文」を分析する

局外者はしばしばとんでもない見当違いのことを言う。

ポイント①「主語・述語」を確認する

「主語」は「局外者は」、述語は「言う」です。

ポイント②「指示語」の内容を確認する

「指示語」はありません。

ポイント③「接続語」があったら文のつながり方を確認する

「接続語」はありません。

【手順3】本文中から「答えの手がかり」を探す

「局外者」について述べている部分を探します。すると①と②の部分に書かれていました。

・局外者は知識が不足しているから、しばしば見当違いのことを言う。
・事情をのみ込んでいないときに、かならず誤解になるとはかぎらない。
・第三者の冷静さがかえって事態を正確にとらえていることもすくなくない。
・責任のない立場から見ると当事者の夢にも思わないようなおもしろさが生じる。

【手順４】「答えの手がかり」をもとに正解を選ぶ

ア　当事者ではないため、問題の知識が不足し、間違ったことしか言わない者。×

＊「答えの手がかり」には、「かならず誤解になるとはかぎらない」「第三者の冷静さがかえって事態を正確にとらえていることもすくなくない」とありますので、「間違ったことしか言わない者」の部分が×です。

イ　当事者に劣らないほどの強い責任感をもって、事態を客観的に見つめる者。×

＊「答えの手がかり」に「責任のない立場から見ると」とありますので、「強い責任感をもって」という部分は×です。

ウ　当事者よりも事態を正確にとらえられ、自らの誤解もその都度修正できる者。×

（豊島岡女子学園中学校入試問題）

＊「答えの手がかり」には、「事態を正確にとらえていることもすくなくない」とありますが、「すくなくない」とは「そういうこともある」ということですので、「当事者よりも事態を正確にとらえられ」と断定はできません。また、「自らの誤解もその都度修正できる」とは書かれていません。ですから、全体的に×です。

エ　当事者でないだけに、かえって事態を冷静にとらえられる可能性がある者。

＊「答えの手がかり」に「第三者の冷静さがかえって事態を正確にとらえていることもすくなくない」と書かれていますので、この内容と一致しています。**エは正解**です。

オ　当事者が思いつかない興味深い視点を、必ず提供しなければならない者。

＊「興味深い視点を、必ず提供しなければならない」という内容は「答えの手がかり」にはありませんので、この部分は×です。

問2の解説

【手順1】設問で「聞かれていること」＝「答えるべきこと」に印をつける

「異本化作用」について**説明したもの**として最も**適当なもの**を選ぶ。「異本」とは「異なった解釈」という意味であることをふまえる。

【手順2】「傍線部を含む一文」を分析する

禁じられながらも立ち聞きやのぞき見がいつまでもなくならないのは、異本化作用が人間にとって必然的なものであることを暗示している。

ポイント①「主語・述語」を確認する

「主語・述語」が複数含まれているときには、設問で聞かれていることで最も大切なものに着目します。ここでは、「主語」は「異本化作用が」、述語は「必然的なものである」です。

ポイント②「指示語」の内容を確認する

「指示語」はありません。

ポイント③「接続語」があったら文のつながり方を確認する

「接続語」はありません。

【手順3】本文中から「答えの手がかり」を探す

「作用」とは「働き」のことで、「異本化作用」とは「異なった解釈が働くこと」という意味になります。
まず傍線部を含む一文の文頭に「禁じられながらも立ち聞きやのぞき見がいつまでもなくならないのは」とありますので、これは「立ち聞き」「のぞき見」の異本化作用であることがわかります。

それが「人間にとって必然的なもの」だとありますから、「異なった解釈を人間はしてしまうものだ」ということを言っているわけです。その異本化作用の内容については、⑩～⑫にかけて「答えの手がかり」があります。

・立ち聞きでは、彼我のコンテクストの重複はすくない。つまり、わかりにくい。わかろうとするにはとくべつな努力が必要になる。
・これが好奇心をくすぐる。何だろう、という解釈作用が発動する。内のコンテクストがよくわからないままに下される解釈だから、外側のコンテクストにつよく支配されやすい。内のコンテクストから見れば曲解であり、誤解である。
・立ち聞きのおもしろさは、日常生活の次元で異本を認め、その独自の表現価値を承認していることになる。

【手順4】「答えの手がかり」をもとに正解を選ぶ

ア　部外者が、当事者の話を少しも聞くことなく、勝手に想像を働かせて独自の解釈を構築すること。

＊「答えの手がかり」には、「立ち聞きではわかりにくい」ため、「好奇心をくすぐる」「何だろう、という解釈作用が発動する」とありますから、「聞こう」という姿勢は見られます。「少しも聞くこ

となく」という部分が×です。

イ　部外者が、当事者からの非難を恐れることなく、誤解に満ちた新たな解釈を社会に流し広めること。

＊「当事者からの非難を恐れることなく」「社会に流し広める」というのは、どこにも書かれていませんので、この2つの部分は×です。

ウ　部外者が、当事者の行為に関心を持ち、独自の観点によって似てはいるが別の解釈を生み出すこと。

＊「部外者が、当事者の行為に関心を持ち」という部分は、「答えの手がかり」の「好奇心をくすぐる」という部分と一致します。また、「独自の観点によって似てはいるが別の解釈を生み出す」という部分は、「内のコンテクストから見れば曲解であり、誤解である」「日常生活の次元で異本を認め、その独自の表現価値を承認していることになる」という内容と一致しています。したがって、**ウは正解**です。

エ　部外者が、当事者のやりとりを立ち聞きし、発想を盗んで設定だけを変えた解釈を生み出すこと。

＊「答えの手がかり」には、立ち聞きは「内のコンテクストがよくわからないままに下される解釈」とあります。「よくわからない」のですから、「発想を盗んで設定だけを変えた解釈を生み出す」ことはできません。ですからこの部分が×です。

オ　部外者が、当事者に負い目を感じながら立ち聞きし、新たな解釈を加え日々の営みに生かすこと。

＊立ち聞きをする人間がすべて負い目を感じているのかどうかという根拠がありません。また、「新

たな解釈を加え日々の営みに生かす」ということも書かれていません。

問3の解説

【手順1】設問で「聞かれていること」＝「答えるべきこと」に印をつける

「ドラマティック・アイロニーの技巧」の**効果の説明**として最も**適当なもの**を選ぶ。

【手順2】「傍線部を含む一文」を分析する

ドラマティック・アイロニーの技巧である。

ポイント① 「主語・述語」を確認する

この一文には「主語」がありません。「述語」は「技巧である」ですので、「何が」技巧であるのかをとらえます。すると、直前の一文に「近代演劇がのぞき、立ち聞きの変形であることは疑問の余地のすくないところであるが、さらに、これがひとひねりされることもある」とあります。つまり、近代演劇において「ひとひねりされること」が「（ドラマティック・アイロニーの）技巧である」ということです。

ポイント②「指示語」の内容を確認する

「指示語」はありません。

ポイント③「接続語」があったら文のつながり方を確認する

「接続語」はありません。

【手順3】本文中から「答えの手がかり」を探す

ドラマティック・アイロニーの技巧の効果についての説明が、⑱で述べられていることに着目しましょう。「答えの手がかり」は次のようになります。

・ドラマティック・アイロニーでは、当事者よりも観客の方が多くのことを知っていることをはっきり実感できるようにされる。
・当事者にはXしかわからないのに、局外者がXとYを同時に了解することで優越感を味わうことができる。（＊この文の局外者は「観客」のことを指しています）

【手順4】「答えの手がかり」をもとに正解を選ぶ

ア　ドラマティック・アイロニーは、舞台の俳優と観客の情報量の多少を逆転させ、観客に快感を感じさ

せる働きをする。

＊「答えの手がかり」には、「当事者よりも観客の方が多くのことを知っている」とあります。この「当事者」というのは「舞台の俳優」のことですから、「舞台の俳優と観客の情報量の多少を逆転させ」の部分と一致します。また、そのことによって「局外者が優越感を味わうことができる」とありますので、「観客に快感を感じさせる」という部分と一致しています。したがって、**アは正解**です！

イ　ドラマティック・アイロニーは、舞台の俳優と観客の情報量の多少をより一層強く固定化させてしまう働きをする。

＊「答えの手がかり」には、「当事者よりも観客の方が多くのことを知っている」とありますが、「強く固定化させてしまう」とは述べられていませんので、この部分が×です。

ウ　ドラマティック・アイロニーは、情報量が不足している観客の不安や焦りを募らせ、一層舞台に引き込む働きをする。

＊本文に「普通の観客は充分に理解し得ているかどうかに不安がある」と書かれていますが、これはドラマティック・アイロニーにおける観客のことではありません。「ドラマティック・アイロニー」では、観客の方が多くのことを知っていることを実感でき、優越感を味わえる」のですから、この部分は×です。「答えの手がかり」の内容とズレていました。

エ　ドラマティック・アイロニーは、情報量が少ない観客に対して最後に種明かしをすることで真実を知らせる働きをする。

＊ドラマティック・アイロニーでは、「当事者よりも観客の方が多くのことを知っている」のですから、「情報量が少ない観客に」という部分は×です。また、「最後に種明かしをすることで真実を知らせる」とは書かれていませんので、この部分も×です。

オ ドラマティック・アイロニーは、情報量の差がある俳優と観客のバランスを取り、観客の不満を解消させる働きをする。

＊ドラマティック・アイロニーでは、「観客の方が多くのことを知っている」のですから、「バランスを取り、観客の不満を解消させる」というのは違います。ですから、この部分は×です。

説明的文章・問題2の解説（法政大学第二高校入試問題）

この文章は「日本から失われてしまった仕事の型、人間の生き方の型」について論じています。さまざまな具体例が「対比」の関係になっている点を読み取るのがポイントです。

書き出し（①）では「これぞプロ」という人との出会いが少なくなったことに触れ、②では筆者の記憶の中にある「これぞプロ」という人々の**具体例**を挙げています。しかし、これだけでは「プロ」の説明があいまいなので、③で「最小限の専門知識を備えている」ことが「職業上の作法である」と定義しています。

④では、筆者が不愉快に感じた店員の「発声」を取り上げ、「客を迎える作法になっていない」と述べていますが、⑤では、それとは逆に、筆者がよく通った古本屋の親父を例にとり、「『書物の専門家』という自信が溢れ、本のことなら答えられないことはない」と述べています。

続く⑥⑦は、また近年の店のプロ意識、専門知識のなさに対して苦言を呈する段落ですが、⑧の文頭に「その反対に」とあるように、⑧⑨ではソバ屋の**例を挙げ**、「プロとは最上の出来を求めねば気のすまぬ人」と述べています。

ここまでの段落の関係を整理すると、③の定義を踏まえ、**①④⑥⑦が「プロではない人（店）」**、**②⑤⑧⑨が「プロ意識のある人（店）」**という内容になっています。そして、⑩ではさらに論を進め、「プロ」の代表として昔の職人を例にとり、その仕事には**「型がある」**と述べています。

⑪段落は⑩の内容を詳しく説明していますが、⑫の「が、」という書き出しにより、再び⑪とは**反対の内容**となり、⑫⑬では、一九六〇年代以降にプロの技術を必要としない商品としての家屋が主流となったため、「仕事の型も、仕事をする工作人の作法もなくなった」と嘆いています。

⑭では、職人の技術と作法とが失われた背景について「高度経済成長時代の影響があった」と述べ、伝統文化に代わる「新しい作法」を生み出せなかったとしています。

さらに⑮では、その経済構造の大変化が「人間の生き方の型」をこわしたと論を**展開し**、『ハムレット』の「今の世のなか関節がはずれている」という言葉を引用して戦後の日本社会の状態と照らし合わせています。そして、「新しい社会構造と、その中での人間の生きる型」が求められだした状況において、必要なのは「新しい倫理観」であると**筆者の意見**をまとめています。

問1の解説

【手順1】設問で「聞かれていること」＝「答えるべきこと」に印をつける

「彼に畏怖の念すら抱いていたのであった」とは**どのようなことか**。その説明として最も**適切なもの**を選ぶ。「畏怖」とは「敬意をもって恐れる」という意味です。

【手順2】「傍線部を含む一文」を分析する

> 前掛けの上に次々と本を乗せて値段づけをしているその姿にはしかし「書物の専門家」という自信が溢れており、学生だったわたしなどは彼に畏怖の念すら抱いていたのであった。

ポイント①「主語・述語」を確認する

傍線部には「主語」がありません。「述語」は、「抱いていたのであった」です。次に、「誰が抱いていたのか」という「主語」をキャッチします。「抱いていた」のは「わたし」ですから、この「述語」に対応する「主語」は「わたしなどは」になります。

ポイント②「指示語」の内容を確認する

「その姿」の「その」は指示語です。「その」の内容は、「前掛けの上に次々と本を乗せて値段づけをしている」部分を指しています。

ポイント③「接続語」があったら文のつながり方を確認する

「接続語」はありませんが、「その姿にはしかし」という表現に着目しましょう。「しかし」のあとに続く「『書物の専門家』という自信が溢れており」ということを筆者は強調したいのです。

【手順3】本文中から「答えの手がかり」を探す

「彼」というのは「古本屋の親父」のことですから、「答えの手がかり」は、「古本屋の親父」について書かれている⑤にあります。「答えの手がかり」は次のようになります。

・客が入ってきても、前掛けをして帳場に坐ったまま、表情を動かさない。
・「書物の専門家」という自信が溢れていた。
・本のことなら何を訊ねても答えられぬことなく、知識の該博さはなまじな大学教授では及ぶまいと思われた。

【手順4】「答えの手がかり」をもとに正解を選ぶ

ア　**客への礼儀にまで気が回らないほど、古書の仕事に全身全霊を尽くして臨んでいる親父に、一途さを発見し職業人として高く評価している。**

＊「客が入ってきても表情を動かさない」のは、「礼儀にまで気が回らない」からであるという根拠は「答えの手がかり」にはありません。ですからこの部分は×です。

イ　**客に対する愛想はよくないものの、本に関する知識が豊富で自らの仕事に没頭している親父に、尊敬を交えた圧倒的な存在感を覚えていた。**

＊「答えの手がかり」に「客が入ってきても、表情を動かさない」「本のことなら何を訊ねても答えられぬことなく」の部分と「愛想はよくないものの、本に関する知識が豊富で自らの仕事に没頭している」が一致しています。また、「畏怖の念すら抱いていた」という傍線部の内容と「尊敬を交えた圧倒的な存在感を覚えていた」が一致しています。ですから、**イは正解**です。

ウ　**大方の客を黙殺する一方で、本に関心を寄せてくる客には自分の知識を惜しみなく差し出す親父に、プロならではの厳しさを感じていた。**

＊「大方の客を黙殺する」「本に関心のある客には知識を差し出す」といった客を差別するような内容は一切書かれていません。ですから、この部分は×です。

エ　**客を認めない態度を貫き、自信満々な様子で店内を動き回る親父に、強い自負心と書物の専門意識に裏**

打ちされた威圧感を見出している。

＊「表情を動かさなかった」のが「客を認めない態度」であるとは述べていませんし、「帳場に坐ったまま」という手がかりと「店内を動き回る」は矛盾しています。また、「威圧感」というのは「威力で相手を押さえつけること」ですから、「畏怖」という筆者の気持ちとは違います。

問2の解説

【手順1】設問で「聞かれていること」＝「答えるべきこと」に印をつける

「わたしはとびこまずにいられない」**理由**の説明として最も**適切なもの**を選ぶ。

【手順2】「傍線部を含む一文」を分析する

> その反対に、たとえばソバ屋などで店の亭主がガラス戸のむこうに手で熱心にソバを捏ねている人を見かけると、わたしはとびこまずにいられない。

ポイント①「主語・述語」を確認する

「主語」は「わたしは」、「述語」は「とびこまずにいられない」です。

ポイント②「指示語」の内容を確認する

「指示語」がありました。「その反対に」の「その」で、⑦の「客に対する作法のなってない店」を指しています。

ポイント③「接続語」があったら文のつながり方を確認する

「接続語」はありません。

【手順3】本文中から「答えの手がかり」を探す

筆者が「とびこまずにいられない」のはソバ屋です。ソバ屋について書かれているのは⑧と⑨ですから、そこから「答えの手がかり」を探します。⑧には、ソバを捏ねている亭主のプロの芸を見るたのしさについての記述があり、⑨には「そういう職人のいるソバ屋なら必ず」という文章のあとに「とびこまずにいられない」理由が続いています。「答えの手がかり」は次のようになります。

・一意専心ソバを捏ね、のばし、切ってゆく。その動作の一つ一つに少しのむだもなく、作業が流れるように運ぶプロの芸を見ているだけでたのしくなる。
・そういう職人のいるソバ屋なら必ず、すべてに細心の注意と吟味を怠らぬもので、最上のソバに出会えること必定なのである。

【手順4】「答えの手がかり」をもとに正解を選ぶ

ア　むだのない正確な動作でソバを作る職人がいれば、全ての要素にこだわりぬいた、作品と呼んでもよいようなソバとの出会いが期待できるから。

＊「むだのない正確な動作でソバを作る職人」という部分は、「答えの手がかり」の「動作の一つ一つに少しのむだもなく、作業が流れるように運ぶプロの芸」と一致しています。また、「全ての要素にこだわりぬいた、作品と呼んでもよいようなソバとの出会いが期待できる」は、「すべてに細心の注意と吟味を怠らぬもので、最上のソバに出会えること必定である」という内容と一致しています。したがって、**アは正解**です。

イ　清潔かつ機敏な様子でソバ作りに集中する亭主の、客に自分の味を提供しようという心意気に満ちあふれた、プロの技を見るのが心地いいから。

＊この内容は⑧に書かれていますが、「とびこまずにいられない」理由としては弱いものがあります。筆者は、このようなソバ屋であれば、「最上のソバに出会えること必定」だと思っているから「とびこまずにいられない」のです。直接の理由ではないので、最も適切なのはアになります。したがって この選択肢は×です。

ウ　ソバを手作りしようという志ある店には、ソバ以外の調理でも最高の出来を求め、プロの名に恥じない立派な仕事をしている職人がいるから。

＊筆者はソバのことにしか触れていません。「ソバ以外の調理でも」という部分は×です。

エ　一生懸命ソバ作りに励むプロのいる店なら、客に対する作法を十分にわきまえ、きちんとした誠実なもてなしが受けられると予感されるから。

＊筆者が「とびこまずにいられない」のは、そういうソバ屋は「最上のソバに出会えること必定」だと思っているからですが、「客に対する作法を十分にわきまえ、きちんとした誠実なもてなしが受けられる」というところまでは書かれていません。この部分は×です。

問3の解説

【手順1】設問で「聞かれていること」＝「答えるべきこと」に印をつける

「代々磨きぬかれてきた職人のわざ、芸、技術と、それを担ってきた職人たちの作法」が失われたと**筆者が指摘しているのはなぜか。理由として不適切なもの**を選ぶ。

【手順2】「傍線部を含む一文」を分析する

日本には室町時代からずっと受継がれ、代々磨きぬかれてきた職人のわざ、芸、技術と、それを担ってきた職人たちの作法があった。

ポイント①「主語・述語」を確認する

「主語」は「作法が」、「述語」は「あった」です。

ポイント②「指示語」の内容を確認する

「指示語」は「それを担ってきた」の「それ」で、「室町時代からずっと受継がれ、代々磨きぬかれてきた職人のわざ、芸、技術」を指しています。

ポイント③「接続語」があったら文のつながり方を確認する

「接続語」はありません。

【手順3】本文中から「答えの手がかり」を探す

傍線部の内容が失われた理由について書かれているのは、⑫と⑭です。「答えの手がかり」は次のようになります。

- ・商品としての家屋は見てくれのよさを第一に置き、永続を念頭におかず、三十年もてばよいとして作られた。
- ・プロの技術を必要とせず、マニュアルどおりに組立てていけば完成する。
- ・注文主は大工に頼んで伝統的家屋を作るより、大会社の恰好のいい既成品を信用し好むようになった。

・高度経済成長時代の影響で、家屋の大量生産による商品化と、工場による生産、建築技法のマニュアル化という現象が、この国の建築技術と職人を衰退させた。

【手順4】「答えの手がかり」をもとに正解を選ぶ

ア　高度経済成長時代には、大量生産の発想から建築とその技法の効率化が進行し、職人の昔ながらの技術なり心意気なりは要求されなくなったため。

＊高度経済成長時代の「大量生産の発想から建築とその技法の効率化が進行し」というのは、「家屋の大量生産による商品化と建築技法のマニュアル化という現象」の内容と一致しています。マニュアルどおりに組み立てると完成するのですから効率化が進行します。「職人の昔ながらの技術なり心意気なりは要求されなくなった」というのは、「大工に頼んで伝統的家屋を作るより、大会社の恰好のいい既成品を信用し好むようになった」という手がかりと一致しています。アはふさわしいので違います。

イ　高度経済成長時代に、家屋はブランドの魅力を備え見た目に優れていれば、数代にわたって住めなくてもよいという価値観が支配的になったため。

＊この内容も、「答えの手がかり」の「商品としての家屋は見てくれのよさを第一に置き、永続を念頭におかず、三十年もてばよいとして作られた」「大工に頼んで伝統的家屋を作るより、大会社の

恰好のいい既成品を好むようになった」という部分と一致しています。イもふさわしいので違います。

ウ　一九六〇年代には、外見のよさと品質を両立させた既製品の家屋を作る大会社が飛躍を遂げ、伝統的な職業集団は弱体化せざるを得なかったため。

＊「答えの手がかり」には、「見てくれのよさを第一に置き、永続を念頭におかず三十年もてばよいとして作られた」とあります。つまり品質はよくないわけです。ですから、「外見のよさと品質を両立させた」の部分は違います。不適切なものを選ぶのですから、**ウは正解**です。

エ　一九六〇年代に、家屋は誰が見ていなくてもプロとして誇りをもって作るものから、マニュアルに従えば誰にでも作れるものへと変化したため。

＊「答えの手がかり」の「プロの技術を必要とせず、マニュアルどおりに組立てていけば完成する」「家屋の大量生産による商品化と、工場による生産、建築技法のマニュアル化という現象が、この国の建築技術と職人を衰退させた」と一致しています。ふさわしいので、エは違います。

説明的文章・問題3の解説

（東京都立高校入試問題）

この文章は、「自分の言葉とはどのようなものか」について、言語学の観点や日常用語の観点などから掘り下げています。「自分の言葉」は、「自己表出」によって価値のある表現となり、より高く深い次元で他人にも影響力をもつ「自分の言葉」となることを読み取ることがポイントです。

①では、前半が「話の中にその人らしい自分の言葉を感じることがある」こと、「他方」という言葉をはさんで、後半は「自分の言葉を感じさせない話し方、書き方もある」ことが書かれ、前半と後半が**対比の関係**になっています。続く②の「このことは」は、①の内容を指している「指示語」です。ここでは、①の内容を筆者自身の経験から具体的に述べています。

③では、「自分の言葉」は「自分だけの言葉」ではないと述べています。どのような言葉かというと、筆者は「それを聞いた他者に、その人自身の『自分の言葉』を思い出させてくれるような言葉」と述べていて「深い社会性をもつ言葉」と言っています。

④では一転して、現代言語学によれば「自分の言葉」はないと否定しています。ここで注意したいのが、「抽象的規則」「言語規則」「現代日本語の語彙と規則」というように、**「規則」という言葉が繰り返されている**ことです。この「規則」に従って言葉が発せられている以上、「自分の言葉」というものは存在しないと述べています。

⑤は「にもかかわらず」という書き出しにより、「自分の言葉」について④と**反対の内容**が書かれています。つまり、④では「自分の言葉はない」と存在を否定しましたが、⑤では「自分の言葉がある」と言っているのです。注目したいのが「日常用語」という言葉です。「現代言語学」では「ない」ものが、「日常用語」には「ある」。そこで、最後の行で日常用語で言う「自分の言葉」の正体について疑問を投げかけているのです。

⑥⑦は、その疑問に対する筆者の答えです。一つは、方言や文学趣味などが端々に出てくるような「その人らしい言葉」であり、もう一つは「自分に訪れた感覚や感情や意志を図らずも外に表してしまう言葉」です。着目すべきは、⑥にある「厳密に言えば『自分の言葉』ではない」という表現で、筆者は「その人らしい言葉」よりも「図らずも外に表してしまう言葉」のほうを強調したいということが読み取れます。この後者の言葉は「意識の自己表出性の高い表現」「詩的言語」とも表現されており、「他人に伝える手段としてではなく、発すること自体を目的としている言葉」と言えるでしょう。それは「意味はよく分からなくても価値に満ちた表現」だと述べています。⑧では「伝達の言葉」と「発することが目的の言葉」の違いを具体的に説明しています。

⑨はこの文章の要となる段落です。「自己表出の言葉」という「自分の内側から無意識に発せられる言葉」こそ、美しさ、強さがあり、「他者に対して独特の力を及ぼす」ため、「より高く深い次元で『社会性』に満ちている」ことになるのです。最後の⑩では、「親身に注意深く聴き取ろうとする人」がいれば誰でも「自分の言葉」を編み出すことができると述べています。

問1の解説

【手順1】設問で「聞かれていること」＝「答えるべきこと」に印をつける

「現代日本語の全体からみれば、私の文章などは既に織り込み済みなのである」と**筆者が述べた理由として最も適切なもの**を選ぶ。「織り込み済み」という言葉は「ある事柄や条件などを前もって予定や計画に入れておくこと」という意味です。

【手順2】「傍線部を含む一文」を分析する

現代日本語の全体からみれば、私の文章などは既に織り込み済みなのである。

ポイント①「主語・述語」を確認する

「主語」は「文章などは」、「述語」は「織り込み済みなのである」です。

ポイント②「指示語」の内容を確認する

「指示語」はありません。

ポイント③「接続語」があったら文のつながり方を確認する

「接続語」はありません。

【手順3】本文中から「答えの手がかり」を探す

傍線部の筆者が自分の文章を「織り込み済み」だと述べている理由は、④段落の傍線部の前に書かれています。「答えの手がかり」は次のようになります。

・現代言語学の常識によれば、言語はどんな個人にも属さない社会制度そのものである。
・個々人は語彙や文法や発声などの厳密な抽象的規則に従って具体的な言葉を発しているに過ぎない。
・個々人の言葉は異なるとは言え、その差異は言語規則の前では無に等しい。
・「自分の言葉」の価値をどれほど力説しようと、私の言葉自身が現代日本語の語彙と規則に従った例文の一つであるほかはない。

つまり、筆者がいくら「自分の言葉」で文章を書いたと思っていても、言語規則に従って書いているのだから、現代日本語全体からみれば、「織り込み済み」と言っているのです。

【手順4】「答えの手がかり」をもとに正解を選ぶ

ア　言語は個人に属さない社会制度であるという考えによれば、筆者の個人的な意見など社会の中では取り上げるに値しないと考えたから。×

＊「答えの手がかり」には、「個々人の言葉は異なるとは言え、その差異は言語規則の前では無に等しい」とあり、「個々人の言葉に差はない」と言っていますが、「個人的な意見など社会の中では取り上げるに値しない」とまでは書かれていません。この部分は×です。

イ　現代日本語には、筆者が文章で力説するまでもなく、「自分の言葉」という語彙がどこにも存在しないことは明らかであると考えたから。

＊「答えの手がかり」には、「自分の言葉」は「現代日本語の語彙と規則に従った例文の一つであるほかはない」とありますが、「現代日本語に『自分の言葉』という語彙が存在しない」とは書かれていませんので×です。

ウ　言葉は抽象的規則に従って発せられるという現代言語学の常識によれば、筆者の文章も規則の域を出ない一例文に過ぎないと考えたから。

＊「答えの手がかり」には、「現代言語学の常識によれば、個々人は語彙や文法や発声などの厳密な抽象的規則に従って具体的な言葉を発しているに過ぎない」とあり、「言葉は抽象的規則に従って発せられるという現代言語学の常識によれば」と内容が一致しています。また、「私の言葉自身が現代日本語の語彙と規則に従った例文の一つであるほかはない」という内容と「筆者の文章も規則の域を出ない一例文に過ぎない」が一致しています。**ウは正解**です！

エ　現代日本語の言語規則には、「自分の言葉」によって筆者の意図する繊細な感触までは表現できないことが既に示されていると考えたから。

（東京都立高校入試問題）

＊現代日本語の言語規則について述べられている部分において、「自分の言葉によって繊細な感触までは表現できない」とは書かれていませんので、この部分は×です！

問2の解説

【手順1】設問で「聞かれていること」＝「答えるべきこと」に印をつける

「意識の自己表出が原初の言葉の誕生をなぞる」とは**どういうことか**。最も**適切なもの**を選ぶ。

【手順2】「傍線部を含む一文」を分析する

> 日常の社会生活の中では新奇な詩的表現は抑制されがちだが、それでも意識の自己表出が原初の言葉の誕生をなぞることが少なくない。

ポイント①「主語・述語」を確認する

「主語・述語」が複数含まれているときには、設問で聞かれていることで最も大切なものに着目します。ここでは、「主語」は「自己表出が」、「述語」は「なぞる」です。

ポイント②「指示語」の内容を確認する

この一文には「指示語」はありません。

ポイント③「接続語」があったら文のつながり方を確認する

「それでも」という「接続語」があります。「(たとえ)そうであっても」という意味です。

【手順3】本文中から「答えの手がかり」を探す

傍線部の「意識の自己表出が原初の言葉の誕生をなぞる」という部分が書かれているのは、⑦です。また⑧の具体例もヒントとなります。「答えの手がかり」は次のようになります。

- 意識の自己表出性の高い表現は、自分に訪れた感覚や感情や意志を図らずも外に表してしまう言葉である。
- 言葉を他人に何かを伝える手段として用いるのではなく、「内臓感覚」を外に表そうとして得られる目的としての言葉。
- 意味はよく分からなくても価値に満ちた表現となって現れる。
- 「使われている」というよりも「生み出されている」という感覚からやってくる。

【手順4】「答えの手がかり」をもとに正解を選ぶ

ア 「内臓感覚」を意味のある言葉として表そうとする行為を通して、対象と意味とを結び付ける語彙の役割に改めて気付くということ。

＊「答えの手がかり」には、「内臓感覚」を外に表そうとして得られる言葉というのは、「意味はよく分からなくても価値に満ちた表現となって現れる」とありますので、「意味のある言葉として表そうとする行為」の部分は違います。また、後半の「対象と意味とを結び付ける語彙の役割に改めて気付く」も書かれていません。この2つの部分が×です。

イ 他者に何かを伝えようとして言葉を用いることが、意味の伝達を目的に成立した語彙の存在を再認識することにつながるということ。

＊「答えの手がかり」には、「言葉を他人に何かを伝える手段として用いるのではない」とありますので、「他者に何かを伝えようとして」と「意味の伝達を目的に」という部分は×です。

ウ 日常の社会生活の中であえて詩的表現を用いようとすることによって、価値に満ちた表現としての新たな語彙が生まれるということ。

＊「答えの手がかり」には、自己表出性の高い詩的言語は、「自分に訪れた感覚や感情や意志を図らずも外に表してしまう言葉」とあります。ですから、「あえて詩的表現を用いようとする」という部分は×です。また、「新たな語彙が生まれる」とは書かれていませんので×です。

エ　内面の衝動を外に表そうとして言葉を用いる行為は、目の前の対象に感動して語彙が生み出された状況を再現しているということ。

＊意識の自己表出性の高い表現というのは、「人がその時その場の自分に訪れた感覚や感情や意志を図らずも外に表してしまう言葉」ですから、前半の「内面の衝動を外に表そうとして言葉を用いる行為」、後半の「目の前の対象に感動して語彙が生み出された状況を再現している」という内容とすべて一致します。⑧では、ドライブ中に突然、視界に海が入ってきたときの具体的な例を使ってその内容を説明していました。したがって、**エは正解**です！

問3の解説

【手順1】設問で「聞かれていること」＝「答えるべきこと」に印をつける

「自己表出による『自分の言葉』は一見すると『社会性』に欠けているように思えるが、実はより高く深い次元で『社会性』に満ちている」と**筆者が述べた理由**として最も**適切なもの**を選ぶ。

【手順2】「傍線部を含む一文」を分析する

自己表出による「自分の言葉」は一見すると「社会性」に欠けているように思えるが、実はより高く深い次元で「社会性」に満ちている。

ポイント①「主語・述語」を確認する

「主語・述語」が複数含まれているときには、設問で聞かれていることで最も大切なものに着目します。ここでは、「主語」は「『自分の言葉』は」、「述語」は「(『社会性』に)満ちている」です。

ポイント②「指示語」の内容を確認する

「指示語」はありません。

ポイント③「接続語」があったら文のつながり方を確認する

「接続語」はありません。

【手順3】本文中から「答えの手がかり」を探す

⑨における「自己表出」による「自分の言葉」についての内容に「答えの手がかり」があります。

・自己表出の言葉はその表現の美しさと強さによって聞く者、読む者に独特の力を及ぼす。
・「自分の言葉」は何かを他者に伝えることを第一義としないかわりに、他者を言葉の生成の現場に巻き込んでいく。
・誰かが「自分の言葉」で語り、書いているのを感受したとき、私もまた自分自身の「自分の言葉」で語り、書くことへと誘われてしまう。

【手順４】「答えの手がかり」をもとに正解を選ぶ

ア「自分の言葉」は、特異な印象はあっても、話し手の意図を誰もが理解できる点で社会に対して広く開かれた言葉であると考えたから。

＊「答えの手がかり」には、自己表出による「自分の言葉」は、「それ自体何かを他者に伝える事を第一義としない」とありますので、「話し手の意図を誰もが理解できる点」という内容とはズレています。ですからこの部分は×です。

イ　自己表出の言葉は、他者に何かを伝えるかわりに、表現のもつ美しさと強さによって他者から「自分の言葉」を引き出すと考えたから。

＊「答えの手がかり」には、自己表出の言葉は「何かを他者に伝えることを第一義としない」と書かれていますので、「自己表出の言葉は、他者に何かを伝えるかわりに」という部分と一致しています。また、「自己表出の言葉はその表現の美しさと強さによって聞く者、読む者に対して独特の力を及ぼす」「私もまた自分自身の『自分の言葉』で語り、書くことへと誘われてしまう」と書かれていますので「表現のもつ美しさと強さによって他者から『自分の言葉』を引き出すと考えたから」という内容と一致します。したがって、**イは正解**です！

（東京都立高校入試問題）

ウ　「自分の言葉」は、特定の人が使えばよい孤立した性質のものではなく、誰もが体得すべき社会性を役割として負っていると考えたから。

＊本文には、「自分の言葉」は「社会性に満ちている」とは書かれていますが、「誰もが体得すべき社会性を役割として負っている」とは述べられていません。

エ　幼児性の自己表出は、「自分の言葉」としては未熟だが、やがて他者との社会的な関係を深める生き生きとした伝達手段になると考えたから。

＊この選択肢の文の「主語」が、「幼児性の自己表出は」になっているところに注意してください。設問で聞かれているのは、「幼児性の自己表出」に限定されていません。また、本文⑩で述べられている幼児の「自分の言葉」については、「親身に聴き取ろうとする同伴者がいれば『自分の言葉』が引き出されてくる」とありますが、「他者との社会的な関係を深める生き生きとした伝達手段になる」とは書かれていません。ですからこの選択肢はすべてが×です。

文学的文章・問題1の解説

（渋谷教育学園渋谷中学校入試問題）

冒頭に「あらすじ」があります。ここには「登場人物」「人間関係」「話の流れ」などの大切な情報が要約されていますので、よく読んでおきましょう。

この問題文では、登校の際、いつも合流する**級友の秋太郎**が時間になってもやってこなかった、という「出来事」から始まります。この出来事に対して、**主人公の愛川吾一**と、**級友の京造**の「言動」が分かれます。吾一は遅刻を恐れて一人で学校へ向かい、京造は級友を先に行かせて秋太郎を迎えに行きました。この「出来事」「言動」によって、**吾一の気持ちが揺れ動き、言動に表れる部分**を読み取ることが重要です。

このストーリーは、冒頭の一文に「運動場から教室に入った」という書き出しと、中ごろにある「みんな運動場に出た」というシーンで大きく2つに分かれます。それぞれに「流れ」をまとめてみます。

［第一場面］　教室でのシーン。京造と秋太郎が遅刻して教室に入ってきました。

遅れてきた秋太郎と京造が、次野先生に叱られ立たされた。⇦**［出来事］**

吾一は、京造が気の毒だったが、先生に事情を言う勇気もなく、京造と目が合うとあわてて目をふせた。自分は正しいと思いながらも、彼のほうが立派で、自分が恥ずかしく思え、それがくやしかった。**［吾一の気持ちと言動］**

⇦

先生から質問が飛んできたので吾一は要領よく答えたが、腰をおろす時に京造と目が合い、ある痛みを感じた。しかし、京造に上のほうから見おろされると負けたくない気持ちになり、見かえした。**［吾一の言動と気持ち］**

⇦

次野先生が町に建設中の中学校のことを話し、中学校にはいりたい者は手をあげなさいと言った。**［次野先生の言動］**

⇦

秋太郎が手をあげて中学校へ行きたいと言った。**［秋太郎の言動］**

［第二場面］運動場でのシーン。みんなは運動場に出ました。

吾一は京造に「遊ぼう」と言ったが、京造は秋太郎のほうにからだをねじり、ほんとうに中学に行くのかどうかを聞いた。吾一には京造のその態度が不愉快だった。**［吾一の言動と気持ち］［京造の言動］**

⇦

この町では、中学に行くとなま意気になると言われ、歓迎されなかった。中学へ行くという秋太郎に、京造や作次が「よせ」と言うのを聞いて、吾一は朝迎えに行かなかったことに気がひけていたこともあり、秋太郎をかばった。**【出来事】【京造と作次の言動】【吾一の気持ちと言動】**

⇩

秋太郎をかばった吾一に、作次が「おめえも中学へ行ったらいいじゃねえか」と言った。吾一は行きたいのに行けない事情があり反論できないことをなさけなく思った。そして「今に見ていろ、きっと中学へ行ってみせるぞ」と堅く誓った。**【作次の言動】【吾一の気持ち】**

問1の解説

【手順1】設問で「聞かれていること」＝「答えるべきこと」に印をつける

「向こうを見かえした」ときの**吾一の気持ち**はどのようなものか。最も**ふさわしいもの**を選ぶ。

【手順2】「傍線部を含む一文」を分析する

傍線は吾一の行動に引かれています。

吾一はそういう目で、向こうを見かえした。

（渋谷教育学園渋谷中学校入試問題）

ポイント①「主語・述語」を確認する

「主語」は「吾一は」、「述語」は「見かえした」です。

ポイント②「指示語」の内容を確認する

「指示語」は「そういう目で」の「そういう」です。「でも、今のような答え、きさまにできるかい。」を指しています。つまり、「きさまにできるかい」という目で見かえしたわけです。

ポイント③「接続語」があったら文のつながり方を確認する

「接続語」はありません。

【手順3】本文中から「答えの手がかり」を探す

吾一が「向こうを見かえした」ときの「出来事」は、「遅刻した京造が立たされている状況」です。その状況を踏まえて、「答えの手がかり」になりそうな「吾一の言動」と「吾一の気持ち」が書かれている部分を探します。

そこで着目したいのが、傍線部の前の行の「今度は、彼もつい負けたくなかった」という部分です。「今度は」ということは「前回」があり、そのときは「負けた」ということです。ここでは「目がかち合った」ことを指していますから、「前回負けた」箇所は「問題編30ページの6～7行目」にあり、そのときの「気持ち」は「11～12行目」にあります。ここが最も重要なヒントです。「答えの手がかり」は次のようになります。

・（目がかち合ったとき）吾一はあい手の目を見ることができなかった。彼はあわてて目をふせてしまった。**［吾一の言動］**
・立たされている彼のほうが立派で、腰かけてる自分のほうが、かえって恥ずかしい気もちだった。彼はそれがなんだかくやしかった。**［吾一の気持ち］**
・突然、先生の質問が飛んできた。吾一は不意をくらって、少しどぎまぎしたが、それでも、すぐ立ち上がって、要領よく答えた。**［吾一の言動］**
・（京造の目の光が吾一の目にささり）ある痛みを感じた。しかし、今度は、彼もつい負けたくなかった。**［吾一の気持ち］**

【手順4】「答えの手がかり」をもとに正解を選ぶ

ア　堂々と立っている京造に気おされていたが、先生の質問を機にどうにか落ち着きを取りもどし、勉強では自分が上であると京造への対抗心を燃やしている。

＊「気おされて」という言葉に着目しましょう。「気おされる」というのは、「相手の勢いに（精神的に）圧倒される」という意味です。吾一は、京造のほうが自分よりも立派に見えて、さらに京造の目の光が自分にささっているように感じています。この吾一の心理は「気おされて」という内容と一致します。また、堂々としている京造に圧倒されながらも、先生の質問に要領よく答えられると、「今のような答え、きさまにできるかい」と見かえしているのですから、「勉強では自分が上であると京造への対抗心を燃やしている」と一致します。したがって、**アは正解**です！

（渋谷教育学園渋谷中学校入試問題）

イ　目の前にいる京造から無言の圧力を感じていたが、先生の質問によって我を取りもどし、責めるような視線を送ってくる京造に対して自己の正当性を誇示したがっている。

＊吾一は京造を見かえしていますが、それは「自己の正当性を誇示したがっている」というよりも、遅刻して立たされても堂々としている京造のほうが立派で、自分のほうが恥ずかしく思えたことがくやしかったからです。ですから、「自己の正当性を」という部分が×です。

ウ　自分を強く見つめてくる京造におびえていたが、先生の質問にうまく答えることができ、京造の圧迫感に打ち勝つことができたことを誇らしく思っている。

＊吾一は京造におびえていたわけではありません。また、「圧迫」というのは、「強くおしつけること。武力や権力などで押さえつけて相手を自由にさせないこと」という意味です。吾一は、遅刻した京造のほうが立派に思えて自分が恥ずかしくなり、そのことをくやしく感じていたのですから、「京造の圧迫感に打ち勝つことができた」と思っているというよりも、立派に思えた京造への対抗意識で、「今のような答え、きさまにできるかい」と見かえしたのです。この2つの部分が×です。

エ　何も感じていないかのような京造の態度にたじろいでいたが、先生の質問に冷静に対処でき、学問だけは学校の誰にも負けないという自尊心を取りもどしている。

＊吾一は、京造が立たされてもどっしりとしている態度に圧倒されているのですから、「何も感じていないかのような」という内容はズレています。また、吾一は、学問だけは京造に負けないと思っている描写はあるものの、「学校の誰にも負けない」という内容は書かれていません。

オ　動じる様子もない京造の視線に困惑していたが、先生の質問によって気分が落ち着き、しつこく自分を責める京造に勉強で仕返しをしてやろうと敵対心を募らせている。

＊吾一は、京造のほうが立派に思えて圧倒される気持ちにはなっていますが、「しつこく自分を責める」と感じているわけではありません。また、吾一は京造に対して「仕返しをしようと敵対心を募らせている」わけではありません。この2つの部分が×です。

問2の解説

【手順1】設問で「聞かれていること」＝「答えるべきこと」に印をつける

「吾一にはその態度が不愉快だった」理由として最も**ふさわしいもの**を選ぶ。

【手順2】「傍線部を含む一文」を分析する

傍線は吾一の気持ちに引かれています。

わざと避けたわけではないのかもしれないが、吾一にはその態度が不愉快だった。

ポイント①「主語・述語」を確認する

「主語」は「態度が」、「述語」は「不愉快だった」です。

ポイント②「指示語」の内容を確認する

「指示語」は「その態度」の「その」です。「急に秋太郎のほうに、からだをねじってしまった態度」という意味になります。

ポイント③「接続語」があったら文のつながり方を確認する

「接続語」はありません。

【手順3】本文中から「答えの手がかり」を探す

吾一の「気持ちの理由」を聞かれていますので、不愉快になったときの「出来事」と「言動」を探します。「答えの手がかり」は次のようになります。

・けさ、先に(学校へ)駆けてきてしまったことが、気がとがめてしかたがなかった。**【吾一の気持ち】**
・「遊ぼう。」と言って、にこにこしながら、京造のそばに近づいて行った。**【吾一の言動】**
・彼らのあいだでは、しばしば「遊ぼう。」が「ごめんね。」「仲よくしようね。」に通用した。**【出来事】**
・京造は、そのことばが聞こえなかったのか、――聞こえないはずはないと思うのだが、急に秋太郎のほうに、からだをねじってしまった。**【京造の言動】**

【手順4】「答えの手がかり」をもとに正解を選ぶ

ア　吾一が京造と秋太郎と仲よくしたいと申し出たのにもかかわらず、京造がそれをかたくなに拒絶しようとしたから。

＊「吾一が京造と秋太郎と仲よくしたいと申し出たのにもかかわらず」まではＯＫですが、京造は、秋太郎のほうにからだをねじって、中学へ行くのかどうかを聞いているだけですから、「かたくなに拒絶しようとした」というのは大げさです。明確な根拠がありませんので、この部分は×です。

イ　吾一が秋太郎のことを心配して笑顔で話しかけたにもかかわらず、京造がそれを受け止めようとさえしなかったから。

＊吾一は「秋太郎のことを心配して」話しかけたのではなく、自分が先に登校したことに気がとがめていたので話しかけたのです。また、京造はからだをねじって秋太郎に話しかけただけですので、「受け止めようとさえしなかった」と断定するのは大げさです。

ウ　吾一がみんなに気をつかわせないように明るく話しかけたにもかかわらず、京造が中学のことを批判するような態度を取ったから。

＊吾一は自分が先に登校したことに気がとがめていたので話しかけたのですから、「みんなに気をつかわせないように」という部分が×です。また、吾一が不愉快だったのは、京造が急に秋太郎のほうにからだをねじってしまったからで「中学を批判する態度」に対してではありません。この２つの部分が×です。

エ　吾一が謝罪と仲直りの意味をこめて遊びに誘ったにもかかわらず、京造が急に体の向きを変え秋太郎と話を始めてしまったから。

＊吾一は、「ごめんね。」「仲よくしようね。」のかわりに「遊ぼう。」と言ったのですから、「吾一が謝罪と仲直りの意味をこめて遊びに誘った」という部分と一致しています。また、京造が「急に体の向きを変え秋太郎と話を始めてしまった」というのも、「答えの手がかり」と一致しています。したがって、**エは正解**です！

オ　吾一が京造と秋太郎を気づかって話しかけたにもかかわらず、京造が無視するかのようなぞんざいな態度を見せたから。

＊吾一が話しかけたのは、自分が先に登校したことに気がとがめていたからです。「京造と秋太郎を気づかって」という部分が×になります。

問3の解説

【手順1】設問で「聞かれていること」＝「答えるべきこと」に印をつける

登場人物の説明として**ふさわしいもの**を**3つ**選ぶ。それぞれの人物の性格（人柄）を答える。

【手順2】「傍線部を含む一文」を分析する

この設問に傍線はありません。

【手順3】本文中から「答えの手がかり」を探す

「どのような人物か」を聞かれている設問では、特に指定された傍線がない場合、ストーリー全体を通して「出来事」「言動」「気持ち」をとらえるのでしたね。この設問では「吾一」「京造」「秋太郎」「作次」の四人が問われていますので、それぞれの登場人物について、どのような「言動」や「気持ち」が描写されているのかをまとめてみます。「答えの手がかり」は次のようになります。

【吾一】 遅刻することを恐れ、一人で学校へ向かいました。しかし、秋太郎を迎えに行って遅刻したにもかかわらず、先生に言い訳一つせずに堂々と立たされている京造を立派に思い、学問のうえではけいべつしていながら、けいべつしきれない不思議なものが、からだの中に根を張っていると感じ、くやしいと思っています。また、中学への進学を先生からすすめられる学力を持っていて、中学へ入りたいと思っています。

【京造】 遅刻するのを覚悟で秋太郎を迎えに行き、先生に叱られ、立たされても言い訳一つせずにどっしりとかまえています。

【秋太郎】 父親にすすめられているので、中学へ行きたいと先生や級友に明言しています。

【作次】「中学なんかつまらねえや。よせ、よせ。」と言ったり、秋太郎をかばった吾一に「ふん、そんなこと言うんなら、おめえも中学へ行ったらいいじゃねえか。」と口を出しています。

【手順4】「答えの手がかり」をもとに正解を選ぶ

ア　吾一は、先生の言うことや決まりごとを守ろうとする人物であるが、見方を変えれば権威に対して逆らいきれない人物であるとも言える。

＊吾一は、遅刻することを恐れて級友たちをおいて、先に一人で登校しています。このことからも、「決まりごとを守ろうとする」「権威に対して逆らいきれない」ということがわかります。したがって**アは正解**です！

イ　吾一は、負けず嫌いでかたくなな性格であるが、それは自分の考えを貫き困難を克服しようとする姿勢に通じるものでもある。

＊吾一は、遅刻して立たされている京造が立派で、自分のほうが恥ずかしいと感じながらも、それをくやしいと思っているので、「負けず嫌いでかたくなな性格である」と言えます。また、「おれはきっと、中学へ行ってみせるぞ」と心に誓っていますので「自分の考えを貫き困難を克服しようとする姿勢」がうかがわれます。したがって**イは正解**です！

ウ　吾一は、学問のできない京造のことを見くだしているが、一方で自分にない不思議なものを持っている点をうらやましく思っている。

＊「学問のうえではけいべつしていながら、けいべつしきれない、何か不思議なものが、京造のからだの中には根を張っていた」と吾一が感じていることが書かれていますが、「うらやましい」と思っ

ている根拠はありませんので、この部分が×です。

エ　京造は、気に入らないものに対しては徹底してあらがおうとし、吾一の優等生ぶりについても常々不満を抱いている。

＊「あらがう」というのは、「抵抗する。逆らう」という意味です。京造は、先生に叱られても逆らうことなく堂々と立っています。「気に入らないものに対してあらがう」言動は一切描写されていません。また、「吾一の優等生ぶり」に不満を抱いている描写もありません。

オ　京造は、弁が立たず勉強もできるわけではないが、自分の信念を曲げようとしない芯の強い性格である。

＊吾一の気持ちの描写に「学問のうえではけいべつしていながら」とありますし、運動場で中学へ行くかどうかを話している場面に、「ことばでは京造はさっぱり、さえなかった」と書かれていますので、「弁が立たず勉強もできるわけではない」という部分と一致します。また、遅刻を覚悟で秋太郎を迎えに行っていること、先生に立たされても言い訳せず堂々としているところなど、「自分の考えを曲げようとしない芯の強い性格」だということがわかります。したがって**オは正解**です！

カ　秋太郎は、先生に叱られても悪びれず、父親の言うことをそのまま受け入れる素直さと、不遇な環境にめげない明るさを持っている。

＊秋太郎は、父親のすすめで中学へ行くと言っていますので、「父親の言うことをそのまま受け入れる素直さ」の部分は合っていますが、「不遇な環境」ということは書かれていませんので、この部分が×です。

キ　作次は、まともな議論では吾一に勝つことができないので、吾一の弱いところをつき**一泡吹かせてやろうと機をうかがっている。**×

＊「一泡吹かせてやろうと機をうかがう」というのは、「相手の不意をついたり、予想外のことをやってうろたえさせるチャンスをさぐる」という意味です。作次は、級友たちとの会話の中で「そうだとも、中学なんかつまらねえや。」と言ったり、秋太郎をかばった吾一に「そんなこと言うんなら、おめえも中学へ行ったらいいじゃねえか。」と口を出したりしていますが、吾一に「一泡吹かせてやろうと機をうかがって」いるわけではありませんので、ここの部分が×です。

文学的文章・問題2の解説（東京都立高校入試問題）

この問題文には、大きく分けて3つの場面（出来事）があります。

一つが、海辺の町の中学校へ期限付きで赴任した紺野先生が海岸の堤防を散歩していたところ、運動会の練習をしている少年たちに出会う場面。次に、一人だけ制服姿で練習をしていない少年と言葉を交わす場面。最後に、日が暮れてから少年の家に行って会話をする場面。

それぞれに「流れ」をまとめてみます。

［第一場面］少年たちが堤防で運動会の練習をしています（それを散歩中の紺野先生が見ている）。

少年たちが堤防で運動会の練習をしていた。**［出来事］**

［第二場面］紺野先生が制服姿の少年と言葉を交わします。

紺野先生は堤防の端に自転車をとめ、少年たちの練習をながめていた。**［紺野先生の言動］**

⇩

紺野先生は、日没とともに北斗七星が水平線すれすれに姿を見せる光景を見たいと思い、この町への赴任を悦んでいた。そして、この土地で毎日北の海をながめる少年たちはどうだろうかと思った。**［紺野先生の気持ち］**

⇩

少し離れたところに、沈んだ顔をした制服姿の少年を見つけた。紺野先生は気になって少年の傍へ行き、「きみは練習をしないのかい、」と声をかけた。**［紺野先生の気持ちと言動］**

⇩

少年は足を挫いたので運動会は棄権すると答え、級友たちの練習を見ながら溜め息をついた。**［少年の言動］**

⇩「ここらへんはずっと堤防がつづいているだけですよ。」と云う少年に、紺野先生は「でも、見晴らしがいいね。水平線をながめるにはもってこいだ。」と答え、夜天を見わたした。**〔少年と紺野先生の言動〕**

⇩この海がそんなにいいものかと首をひねり、地味な星ばかりだと思った。**〔少年の気持ちと言動〕**

〔第三場面〕少年と紺野先生が少年の家の庭で言葉を交わします。

運動会の練習をしていた級友たちが帰り仕度をはじめ、声をかけられるとうつむいて黙っていた。**〔少年の行動〕**

⇩「もっと暗いところはないかな。」と紺野先生は少年に聞いた。**〔紺野先生の言動〕**

⇩少年は「うちの庭からも水平線が見えますよ。」と先生を誘った。**〔少年の言動〕**

⇩海のよく見える少年の庭で、紺野先生が「北斗七星のひしゃくは、海の水を汲んでいるように見えるだろう。」と伝えると、はじめは浮かない顔をしていた少年も、「あのひしゃくは水を汲めるのか。だてぢゃなかったんだ。」といい、笑みを浮かべた。**〔紺野先生と少年の言動〕**

見送りに出た少年は、「先生は来週まででしょう。ぼくの足の速いところを見せられなくて残念だな。」と云った。紺野先生は手をふって別れた。**【少年と紺野先生の言動】**

問1の解説

【手順1】設問で「聞かれていること」＝「答えるべきこと」に印をつける

「でも、見晴らしがいいね。水平線をながめるにはもってこいだ。」と言ったときの**紺野先生の気持ち**で**最も適切なもの**を選ぶ。

【手順2】「傍線部を含む一文」を分析する

傍線は紺野先生のセリフに引かれています。

でも、見晴らしがいいね。水平線をながめるにはもってこいだ。

ポイント①「主語・述語」を確認する

「主語」は「見晴らしが」、「述語」は「いい（ね）」です。

ポイント②「指示語」の内容を確認する

「指示語」はありません。

ポイント③「接続語」があったら文のつながり方を確認する

「でも」という「逆接の接続語」があります。少年の「ここらへんはずっと堤防がつづいているだけですよ。」というセリフに対して、「でも、見晴らしがいいね。……」と答えているところに着目しましょう。

【手順3】本文中から「答えの手がかり」を探す

［第二場面］で、紺野先生の気持ちが感じられる表現を探しましょう。「答えの手がかり」は次のようになります。

・(沈んだ顔をした制服姿の少年がいたので)紺野先生は気になってその少年の傍へ行った。
・「ここらへんはずっと堤防がつづいているだけですよ。」と云う少年に、「でも、見晴らしがいいね。水平線をながめるにはもってこいだ。」と答え、浮き浮きしたようすで、夜天を見わたした。

【手順4】「答えの手がかり」をもとに正解を選ぶ

ア　見晴らしのよい水平線の上の空が群青に深まっていくことに気付かない少年に、何とかそのよさを感じてほしいと思う気持ち。

＊少年も一緒に見ているわけですから「空が群青に深まっていくことに気付かない」というのは違います。また、「そのよさを感じてほしい」という紺野先生の気持ちや言動の描写はありません。ですから、この部分も違います。

イ　自分は価値があると思っている北の海をつまらないと言う少年に、北斗七星のすばらしさを伝えたくて強く反論したい気持ち。

＊少年は「北の海をつまらない」とは言っていません。また、紺野先生は、「強く反論」したいわけではありませんので、この部分は×です。

ウ　少年の言葉をよそに、ようやく見られる北の海の夜空に期待を寄せて一人で水平線をながめることに集中しようと思う気持ち。

＊「よそに」とは、「おろそかにする」という意味です。紺野先生は「ずっと堤防がつづいているだけですよ。」という少年に対して、「でも、見晴らしがいいね。……」と答えていますので、「少年の言葉をよそに」というのは違います。また、紺野先生は、「夜天を見わたした」と書かれているだけですから、「集中しよう」というのも×です。

エ　沈んだ様子の少年が気になりながらも、北斗七星が水平線上に見える光景をながめられる期待とうれしさで心が躍るような気持ち。

文学的文章　問題2の解説

（東京都立高校入試問題）

＊「答えの手がかり」に、紺野先生は「気になって少年の傍へ行った」とあります。これは「沈んだ様子の少年が気になりながら」と一致しています。また、「浮き浮きしたようすで、夜天を見わたした」という描写が、「光景をながめられる期待とうれしさで心が躍る」と一致しています。したがって、**エは正解**です。

問2の解説

【手順1】設問で「聞かれていること」＝「答えるべきこと」に印をつける

「少年はうなずくものの、うつむいた顔をあげずに黙っていた。」という表現から読み取れる**「少年」の様子**として最も**適切なもの**を選ぶ。

【手順2】「傍線部を含む一文」を分析する

傍線は少年の行動に引かれています。

少年はうなずくものの、うつむいた顔をあげずに黙っていた。

ポイント①「主語・述語」を確認する

「主語」は「少年は」、「述語」は「黙っていた」です。

ポイント②「指示語」の内容を確認する

「指示語」はありません。

ポイント③「接続語」があったら文のつながり方を確認する

「接続語」はありません。

【手順3】本文中から「答えの手がかり」を探す

この設問では「人物の様子」を聞かれています。「様子」とは、表情や仕草などのことです。少年の様子が書かれている表現を探しましょう。「答えの手がかり」は次のようになります。

- 皆の練習を見るでもなく、沈んだ顔をして腰かけていた。
- 少年は小さく溜め息をついたあとで、脇においてあった松葉杖を見せた。
- 「歩くのがやっとだから、運動会は棄権です。」
- ときおり口惜しそうに、級友たちの練習風景にまなざしを向け、溜め息をつく。

【手順4】「答えの手がかり」をもとに正解を選ぶ

ア　練習はできないもののせめて見学はしようと思っていたが、日没で他の生徒が帰ってしまい残念に思って落ち込んでいる様子。

＊少年が落ち込んでいるのは、足を怪我して運動会を棄権しなければならなくなったためであり、「他の生徒が帰ってしまう」という理由からではありませんので、この部分が×です。

イ　練習を終えてくつろぎながら帰る級友と比べて走れない自分にやり切れなさを感じ、声をかけられても答えられずにいる様子。

＊「答えの手がかり」に、「皆の練習を見るでもなく、沈んだ顔をして」とありますし、「級友たちの練習風景にまなざしを向け、溜め息」をついていました。この様子から、足に怪我をして走ることができない自分を思い、やり切れない気持ちでいることが読み取れます。だから、声をかけられても答えられずにいたのです。したがって**イは正解**です。

ウ　練習する級友たちを一人だけで見ていたいのに、紺野先生に話しかけられて恥ずかしくなってしまったことを隠そうとしている様子。

＊「答えの手がかり」に、「一人だけで見ていたい」という描写はありません。また、紺野先生に「散歩ですか」と自分からも話しかけていますので、「恥ずかしくなってしまった」とは読み取れません。この2つの部分が×です。

エ　練習に参加できないことで孤立してしまうと不安に感じていたが、級友に声をかけられて余計な心配だったとほっとしている様子。

＊「答えの手がかり」からわかるように、少年は運動会を棄権しなければならなくなったことで気持ちが沈んでいたのであり、「孤立してしまうと不安に感じていた」わけではありません。ですから、「余計な心配だったとほっとしている」という部分も×です。

問3の解説

【手順1】設問で「聞かれていること」＝「答えるべきこと」に印をつける

「少年が水平線に目を凝らした」わけとして最も**適切なもの**を選ぶ。

【手順2】「傍線部を含む一文」を分析する

傍線は少年の行動に引かれています。

少年はそう云われて、水平線に目を凝らした。

ポイント①「主語・述語」を確認する

「主語」は「少年は」、「述語」は「（目を）凝らした」です。

ポイント②「指示語」の内容を確認する

「指示語」は「そう云われて」の「そう」です。紺野先生のセリフ「見てごらん。北斗七星のひしゃくのところを。海の水を汲んでいるように見えるだろう。」を指しています。

ポイント③「接続語」があったら文のつながり方を確認する

「接続語」はありません。

【手順3】本文中から「答えの手がかり」を探す

「目を凝らす」というのは、「あるところをジーッと見つめること」です。ここで着目したいのが、海をながめるときの少年の様子です。堤防のところでは、「この海がそんなにいいものか」と首をひねり、家の庭に来てからも、紺野先生の北斗七星の専門的な話に「ややこしいですね。」と答え、「浮かない顔」をしたままでした。しかし、傍線部の前の紺野先生の話を聞いて、態度を変化させているのです。「答えの手がかり」は次のようになります。

- 少年はいつも見慣れたこの海がそんなにいいものかと、つられてながめ、首をひねる。
- 「ややこしいですね。」
- 紺野先生は、浮かない顔の少年に北斗七星のひしゃくのところが海の水を汲んでいるように見えるという耳寄りな話を披露した。

【手順4】「答えの手がかり」をもとに正解を選ぶ

ア　北斗七星について考えもしなかったことを紺野先生から言われ、その光景を自分から確かめずにはいられない気持ちになったから。

＊「答えの手がかり」に、「この海がそんなにいいものか」とあるように、少年は北斗七星について深く考えていなかったことがわかります。しかし、紺野先生から「ひしゃくのところが海の水を汲んでいるように見える」と聞き、ジーッと見つめて確かめているのです。内容が一致していますので**アは正解**です！

イ　自分を励ましてくれる紺野先生の気持ちを察して、せめて態度だけでも興味を抱いていることを示そうという気持ちになったから。

＊紺野先生は少年を励ますために北斗七星の説明をしたわけではありませんし、少年もそう思っていません。また、最初の北斗七星の話のときに「ややこしいですね。」と関心を示さなかったのですから、「態度だけでも興味を抱いていることを示そう」とは言えません。

ウ　紺野先生の北斗七星についての説明が信じられず、疑問を抱きながらも実際に見てから質問してみようという気持ちになったから。

＊少年が紺野先生の説明を疑っているような描写はありません。また、「実際に見てから質問してみよう」という部分も根拠がありませんので、この2つの部分は×です。

文学的文章　問題2の解説
（東京都立高校入試問題）

エ　以前から関心をもっていたことを紺野先生から言われ、一緒に北斗七星が海の水を汲む様子を楽しみたい気持ちになったから。

＊「答えの手がかり」に、少年は「いつも見慣れたこの海がそんなにいいものか」と首をひねり、先生の説明にも「ややこしいですね。」と関心を示していませんでした。ですから、「以前から関心を持っていたこと」という部分が×です。

文学的文章・問題3の解説（東京学芸大学附属高校入試問題）

この問題文は、「あらすじ」にあるように、スーパーの事務をしていた四季野が休職し、アフリカの診療所でボランティアをしているところと、ボランティアを終えて帰国したところの2つの場面に分けられます。それぞれに「流れ」をまとめてみます。

本文はいきなり、主人公の気持ちから書かれていることに着目しておいてください。

［第一場面］　四季野がアフリカでボランティアをしています。

国中に純白に近いものが見えないということに疲れるような気がしていて、そんな時に真っ白な便箋に書かれた藍山修司の手紙に心が和んだ。【四季野の気持ち】

⇩

アフリカの人々や修道女たちには、自然な生気が漲っていた。不潔でも死なない。子供は死んでもまた生まれる。裸足でも歩ける。【出来事】

⇩

ある母親に薬を渡そうとすると、「また来る」と言う。地元のシスターによると、片道約十キロ、二時間かかるという。薬の数を記憶できないし、四粒の半分が二粒だということも理解できないので、ここまで来る方が安心なのだ。【出来事】【四季野の言動】

⇩

薬を出す役は四季野の仕事になっていた。薬を包む紙は、フランスの修道会本部が送ってくれる会議の資料や雑誌を切って作るのだが、その作業をしていたシスターが体調を崩したため紙がなくなってしまった。【出来事】

⇩

修司からもらった手紙を切り、薬を包む紙として使ったが、心が痛まなかった。【四季野の言動と気持ち】

［第二場面］日本の喫茶店で四季野が修司と会っています。

四季野は日本に帰り、修司と喫茶店で会った。【四季野の言動】

⇩

修司から手紙を二通書いたと言われ、修司は自分の書いた内容が届かないことを、四季野は包装紙が着かなかったことを「もったいない」と思っていそうだと感じた。【四季野の気持ち】

⇩

修司から、届かなかった一通は石鹸を送る相談の内容だったと聞き、「いろんな人が盗むから届かないと思う」とアフリカの厳しい事情を話す。【四季野の言動】

⇩

「むちゃくちゃだね。」と言う修司に、「でも、むちゃくちゃも一つの生き方だから。」と言いながら、修司との間の深淵を見た思いがした。【四季野の言動と気持ち】

⇩

修司に「あの国はコーヒーの産地だろう?」と聞かれ、上等品は輸出するので、シスターたちは裏庭に生えてるレモングラスを飲んでいると答える。【四季野の言動】

問1の解説

【手順1】設問で「聞かれていること」＝「答えるべきこと」に印をつける

「自然におかれた状態に甘んじて逆らわない。」とは**どういうことか**。その説明として最も**適切な**

ものを選ぶ。「甘んじる」とは「与えられたものをそのまま受け入れる」という意味です。

【手順2】「傍線部を含む一文」を分析する

傍線は「出来事」に引かれています。

自然におかれた状態に甘んじて逆らわない。

ポイント①「主語・述語」を確認する

「述語」は、「逆らわない」です。この一文に「主語」は書かれていませんが、「自然におかれた状態」なのは「この土地の人々」であることがわかります。

ポイント②「指示語」の内容を確認する

「指示語」はありません。

ポイント③「接続語」があったら文のつながり方を確認する

「接続語」はありません。

【手順3】本文中から「答えの手がかり」を探す

傍線部を詳しくまとめると、「この土地（アフリカ）の人々は、自然から与えられた状態をそのまま受け入れる」という意味になるでしょう。この様子が書かれている部分を探しましょう。そして四季野は、「生きて行くだけの必要なものは、何とか与えられている。だから生きてこられたのだ」と発見しています。「答えの手がかり」は次のようになります。

- ・自然な生気が漲っていた。不潔でも死なない。子供は死んでもまた生まれる。裸足でも歩ける。
- ・薬を渡そうとすると、「来週また来ます。」と言う。
- ・約十キロ、二時間あれば歩いてこられるという。往復になると二十キロである。
- ・この母は、四粒ということが記憶できるかどうかも自信がなかったし、ましてや四粒の半分が二粒だということを理解することもできなかった。だからここまで来て飲ませてもらう方が安心なのだ。

【手順4】「答えの手がかり」をもとに正解を選ぶ

ア　物質的な豊かさを否定し、現状を受け入れながら精神としての豊かさを求めているということ。

＊「答えの手がかり」から考えると、この土地の人々は「自然の状態のまま生きている」と言えますが、「物質的な豊かさを否定」するとか、「精神としての豊かさを求めている」とは書かれていません。

イ　今ある暮らしをそのまま受け入れ、その中で自分たちなりに生きていこうとしているということ。

＊「答えの手がかり」にあるように、この土地の人々は、自然から与えられた状態をそのまま受け入れて生きています。内容がすべて一致していますので、**イは正解**です。

ウ　**人の営みは他との関係のうちにあると考え、周囲に逆らわず感謝して暮らそうとするということ。**

＊この土地の人々が、「人の営みは他との関係のうちにある」とか、「周囲に逆らわず感謝して暮らそうとする」という描写はどこにもありません。ですからこの内容は違います。

エ　**ありのままの生活に満足し、環境に頼り切って特別に努力も改善もしようとはしないということ。**

＊この土地の人々は、現状に満足しているわけではなく、与えられた環境の中でただ自然に生きているのです。また、「環境に頼り切って」いることや「努力しようとはしない」という内容は書かれていませんので、違います。

オ　**文明的な生活ではないことを甘んじて受け入れ、自然を壊さずに生活しようとしているということ。**

＊この土地の人々が「自然を壊さずに生活しようとしている」描写はありませんから、この部分は×です。

問2の解説

【手順1】設問で「聞かれていること」＝「答えるべきこと」に印をつける

「不思議と心が痛まなかった。」**理由の説明として最も適切なもの**を選ぶ。

（東京学芸大学附属高校入試問題）

【手順2】「傍線部を含む一文」を分析する

傍線は「四季野の気持ち」に引かれています。

> 修司からの手紙を切る時、不思議と心が痛まなかった。

ポイント①「主語・述語」を確認する

「主語」は「心が」、「述語」は「痛まなかった」です。

ポイント②「指示語」の内容を確認する

「指示語」はありません。

ポイント③「接続語」があったら文のつながり方を確認する

「接続語」はありません。

【手順3】本文中から「答えの手がかり」を探す

問われているのは「気持ちの理由」ですから、「不思議と心が痛まなかった」ときの「出来事」と「四季野の言動」を探します。まず、「薬を包む紙がなくなった」という状況にあり、四季野は「切って使っていい紙を探す（シスターたちに聞いたり、使えそうな紙を思い出してみたり）」という行動に出ます。しかし、見当たらず、藍山修司の手紙を切ることにしたのです。すると、傍線部のあとに「答えの手がかり」となる理由が書かれています。

・四季野は、生きることを優先するのを自然だと感じるようになっていた。

【手順4】「答えの手がかり」をもとに正解を選ぶ

ア　**修司からの手紙は、周りの人たちへの配慮と善意に満ちているものであり、切ってばらばらにして使うほうが、かえって手紙を出した修司の気持ちに応えることになると思うようになっていたから。**

＊修司は、四季野のために手紙を送ったのですから、「周りの人たちへの」という部分は違います。また、四季野は手紙を切って使うことが「修司の気持ちに応えることになる」と思っていたわけではありません。この2つの部分は×です。

イ　**修司からの手紙は、自分への好意を示してくれるものであり、切ってしまうのはその気持ちを裏切ることになるけれども、やはり、今目の前で苦しんでいる人を救うほうを優先することを決意していたから。**

＊四季野が手紙を切ったのは、「生きることを優先するのを自然だと感じるようになっていた」からです。「目の前で苦しんでいる人を救うほうを優先することを決意」というよりも、ごく自然な感情から手紙を切っています。また、「その気持ちを裏切ることになる」というような四季野の気持ちの描写は書かれていません。この2つの部分は違います。

ウ　修司からの手紙は、自分を気にかけてくれることがわかり、穏やかな気持ちをもたらすものではあるけれども、その一方で、生きるために必要なら何でも使っていくのが当然だという感覚が身についてきていたから。

＊修司の手紙は、四季野にとって心が和むものでした。しかし、「生きることを優先するのを自然だと感じるようになっていた」ので、手紙を包装紙に使うことにしたのです。「答えの手がかり」と内容が一致しています。したがって、**ウは正解**です！

エ　修司からの手紙は、自分への気づかいを感じさせ、心を和ませてくれるものではあるけれども、診療所でのシスターたちの献身的な態度から、自分も何かを犠牲にしなければならないと考えるようになっていたから。

＊シスターたちは献身的ではありますが、四季野はその態度を見て自分の行動を決めたわけではありません。また、「自分も何かを犠牲にしなければならない」という描写もありません。

オ　修司からの手紙は、すでに何度も読みつくして内容は頭に刻み込まれており、たとえ薬の包装紙にされてさまざまな人の手に渡ったとしても、そこに込められた四季野に対する好意は変わることがないと感じていたから。

＊四季野が手紙を何度も読んで内容が頭に入っているということはまったく書かれていません。また、修司の四季野に対する好意は変わることがないと感じている描写も一切ありません。

問3の解説

【手順1】設問で「聞かれていること」＝「答えるべきこと」に印をつける

「四季野は修司との間の深淵を見た思いだった」とは**どういうことか**。その説明として最も**適切なものを選ぶ**。「深淵」とは「とてつもなく奥が深いこと」という意味です。

【手順2】「傍線部を含む一文」を分析する

傍線は四季野の気持ちに引かれています。

四季野は修司との間の深淵を見た思いだったが、気をとりなおして言った。

ポイント①「主語・述語」を確認する

「主語」は「四季野は」、「述語」は「（深淵を見た）思いだった」です。

ポイント②「指示語」の内容を確認する

「指示語」はありません。

ポイント③「接続語」があったら文のつながり方を確認する

「接続語」はありません。

（東京学芸大学附属高校入試問題）

【手順3】本文中から「答えの手がかり」を探す

傍線部を簡単に言うと、「四季野は修司との間にとてつもないズレを感じた」という意味になるでしょう。いわば、「わかりあえない」と感じたのです。

またこの設問は、傍線部は「どういうことか」という聞き方になっていますが、選択肢の文は「四季野の思い」の説明となっていますので、「四季野の気持ち」を押さえる必要があります。

ここで大事なのが、アフリカでの四季野の変化です。「第一場面」の前半は、修司の手紙に和み、「白いもの（すべて加工品）」に包まれることを夢見る描写もあります。しかし、薬を飲ませてもらうために往復二十キロを歩く女性に接し、「自然におかれた状態に甘んじて逆らわない」生き方を発見します。「第一場面」の後半（「ちょうどその頃であった」以降）では、トイレットペーパーやノートのほうが修司の手紙よりも大事になっています。つまり、「生きることを優先する」価値観を身につけて日本に帰国するのです。

そして修司と会い、会話を交わすうちに「深淵を見た思い」になったわけです。その思いが最も象徴的に表れているのが、届かなかったもう一通の手紙をめぐる会話です。「石鹸を送ろうと思って相談の手紙だった」という修司に、四季野は「多分届かない。いろんな人が盗むから」と答えます。その後の会話が「答えの手がかり」となります。

「でもそれは泥棒だぜ。」
「泥棒も恵むの。盗んだ人は石鹸を自分一人で使ったりしないから、売ってお金は少しずつ皆に分けるの。」

「むちゃくちゃだね。」

「……」

「でも、むちゃくちゃで生きて来たのよ、あそこの人たちは。むちゃくちゃも一つの生き方だから。」


【手順4】「答えの手がかり」をもとに正解を選ぶ

ア　相互に理解していると思っていたが、修司は四季野のことを非難しているとわかり、修司との世界観の違いを一種の恐ろしさとともに感じたということ。

＊修司は「自分の意見」を言っていますが、四季野を非難するようなセリフはありませんし、四季野は修司との価値観が違ってしまったことを恐ろしいと感じているような描写もありません。ですから この2つの部分が×です。

イ　自分の価値観がアフリカでの生活を経て深いところで大きく変わってしまったことを理解し、修司とは決してわかりあえないことを改めて感じたということ。

＊「答えの手がかり」からわかるように、アフリカの人々の生き方を体験し、「むちゃくちゃも一つの生き方」という価値観を持つようになった四季野が、「泥棒だ」「むちゃくちゃだ」という修司とはわかりあえないと感じたのです。内容がすべて一致していますので、**イは正解**です。

ウ　盗みについての修司の考え方は豊かな生活をする人間のものであり、生きるための盗みであれば許されるという四季野の考え方とは違うことがわかったということ。

＊四季野が「深淵を見た」のは、生き方の価値観の違いであり、単に「盗みについての」価値観の違いからではありません。また、四季野はアフリカの人の「盗み」を弁護する発言をしていますが、「許される」と考えている描写はありません。よって×です。

エ　手紙の内容から修司は自分に好意を抱いているのだと思っていたが、アフリカでの生活を理解しようとしない修司の態度を見て、自分への好意も偽りであるとわかったということ。

＊四季野が「深淵を見た」のは、生き方の価値観が違ってしまったためです。修司の好意とは無関係ですし、好意を「偽り」だと思うような描写もありません。

オ　どのような内容を話しても互いの言葉が意味することが異なり、四季野には目の前で話している修司の発言の意味がわからず、修司について何も知らないことを改めて感じたということ。

＊四季野は修司との会話のすべてをわからないと思っているわけではありません。この文は全体的に誇張しすぎていますので×です。

おわりに

入試で出題される文章は、テーマもさまざまですし、表現スタイルもさまざまです。それでも、筆者の述べている内容のみを読み解き、「答えの手がかり」を探し出していくという、読み方、解き方の「きまりごと」は変わりません。だからこそ、本書でお伝えした方法を知っているか、使いこなせるかどうかで、大きな差が生まれるのです。

まずは、ゆっくりでもいいので、正確な解き方のコツをつかんでください。一度ですべてを身につけるのは難しいと思いますので、本書を何度も何度も繰り返し読んで、問題を解いてみてください。

そして、正確な解き方をマスターしたあとは、スピードを養う練習をしてください。入試においては、制限時間内で解く力が求められます。この力をつけるには「慣れ」が重要です。志望校の過去問など、数多くの「選択問題」に挑戦して、的確でスピーディーな情報処理能力を磨いてください。

みなさんが合格の可能性を切り拓いていかれることを心から願っております。

著者プロフィール

早瀬 律子（はやせ りつこ）

国語を中心とした受験専門教師、受験カウンセラー、セミナー講師。プライムミッションゼミ代表。早稲田大学大学院アジア太平洋研究科修了（国際関係学専攻）。徹底した入試対策指導で、東京の「御三家」や早慶などを中心にした第一志望校の合格率は毎年95％以上。自らも母親として受験を乗り越えた経験を持ち、子どもの学習面・健康面・精神面のサポート方法をはじめ、母親のメンタル・ケアを含めたトータルな受験対策カウンセラーとしても高い人気を得ている。オンラインスクールでは、母親自身が入試国語の解法を学べる「（お母さま塾）受験対策コース」、親子で学べる「読解力養成親子講座」や「読みテク講座」が好評である。

▼ホームページ
プライムミッションゼミ：http://e-ritsuko.com/
オンラインスクール：https://kokugo-online.com/
「読みテク講座」：http://ritsukoseminar.com/

▼著書
『＜中学入試＞国語の読解は「答え探しの技」で勝つ！』
『中学入試を制する国語の「読みテク」トレーニング』シリーズ３冊
（「説明文・論説文」「物語文」「随筆文」）
『高校入試を制する国語「選択問題」の解き方の基本』
『受験生を持つ母親のメンタル整理術』
『中学受験国語対策　親子で身につける入試問題文の読み方』

高校入試を制する国語「選択問題」の解き方の基本

2014年11月10日　初版第１刷発行
2024年 4 月20日　初版第４刷発行

著　者　早瀬 律子
発行者　瓜谷 綱延
発行所　株式会社文芸社
〒160-0022　東京都新宿区新宿 1-10-1
電話　03-5369-3060（代表）
03-5369-2299（販売）

印刷所　株式会社暁印刷

ISBN978-4-286-15902-7

【別冊　問題編】

■説明的文章・問題１　豊島岡女子学園中学校入試問題（平成23年度）……2
■説明的文章・問題２　法政大学第二高校入試問題（平成25年度）……10
■説明的文章・問題３　東京都立高校入試問題（平成24年度）……20
■文学的文章・問題１　渋谷教育学園渋谷中学校入試問題（平成26年度）……28
■文学的文章・問題２　東京都立高校入試問題（平成26年度）……39
■文学的文章・問題３　東京学芸大学附属高校入試問題（平成26年度）……47

説明的文章 問題１

豊島岡女子学園中学校入試問題（平成23年度）

※解説は本冊54ページ

次の文章を読んで、あとの問いに答えなさい。

①(A)局外者はしばしばとんでもない見当違《ちが》いのことを言う。問題についての知識が不足しているからである。それでは、事情をのみ込《こ》んでいないときに、かならず誤解になるかというと、そうともかぎらない。傍目八目《おかめはちもく》というように、第三者の冷静さがかえって事態を正確にとらえていることもすくなくない。

②それとは別に、責任のない立場から見ると当事者の夢にも思わないようなおもしろさが生じる点も見のがすことはできない。

③のぞき、立ち聞きがはしたないこととして戒《いまし》められてきているのは、局外者の見聞、ことに他人に知られないつもりの事柄《ことがら》をひそかに見聞することが抗《こう》しがたくおもしろいものであり、それを求める本能的習性を抑制《よくせい》しようとするものであろう。住居の構造が開放的にできているわが国に比べて、密室をもつヨーロッパにおいては、のぞき、立ち聞きの禁《きん》

忌《き》がいっそう強いように思われるのは偶然《ぐうぜん》ではない。

④秘められた話ほど立ち聞きのしがいがある。わかりはわるいが、かえってそれが好奇心《こうきしん》を刺激《しげき》する。面と向《む》かって話されることにはうんざりするくせに、きいてはいけないことだとどうしてきき耳を立てたくなるのか。人間の心の中には天邪鬼《あまのじゃく》が住んでいるのに違いない。

⑤してはいけないことがはっきりしている立ち聞きがしたくなるのは、たんなる天邪鬼のせいばかりではない。立ち聞きには本質的にわれわれの興味をそそる形式がひそんでいる。どういう内容だからおもしろいというのではない。どんなことでも、立ち聞きすることならおもしろく感じられる。形式のもつ美である。

⑥立ち聞きの場合、二つのコンテクストが存在する。立ち聞きする人間の背負っているコンテクスト（B）と、立ち聞きされる人たちのコンテクスト（A）とは独立別箇《どくりつべっこ》のものである。

⑦一般《いっぱん》に表現が理解されるのは、多少とも同質的コンテクストが背景にあるからである。その同質性が小さくなればなるほど理解の保証もあやしくなる。極端《きょくたん》な場合、知らない外国語をしゃべっている人の言っていることはまったくわからない。コンテクストが完全に別々になっていて交わる部分がないからである。また、言語という基本的コンテクストは同一であっても、科学者がその専門について語ることは、専門知識のない人間にとってチ

ンプンカンプンになる。

⑧表現者のコンテクスト（A）を内とし、受け手のコンテクスト（B）を外とすると、伝達が成立するにはこのAとBとがかならず交わっていなくてはならない。その重複部が大きければ大きいほど受け手はわかりやすいと感じる。重なり合う部分が小さいと、わからなくなる。

⑨だからと言って、二つのコンテクストが近接して重なり合っていればいるほどよいとは限らない。二つのコンテクストの同質性があまり大きいと、かえってうるさいと感じられる。おもしろくない。むしろ、両者が適当に離《はな》れていた方が興味が高まりやすい。

⑩立ち聞きでは、内のコンテクストと外のコンテクストが物理的に明確に区別されている。ドアが、あるいは壁《かべ》が、内と外とを隔絶《かくぜつ》している。普通《ふつう》の対面の会話などに比べると、はるかに彼我《ひが》のコンテクストの重複はすくない。つまり、わかりにくいはずである。わかろうとするにはとくべつな努力が必要になる。

⑪これが好奇心をくすぐる。何だろう、という解釈《かいしゃく》作用が発動する。内のコンテクストがよくわからないままに下される解釈だから、どうしても、外側のコンテクストにつよく支配されやすい。内のコンテクストから見れば曲解であり、誤解である。

⑫それがそのまま受け手にはおもしろいのである。立ち聞きのおもしろさは、日常生活の次元で異本を認め、その独自の表現価値を承認していることになる。禁じられながらも立

ち聞きやのぞき見がいつまでもなくならないのは、(B)異本化作用が人間にとって必然的なものであることを暗示している。

⑬のぞき、立ち聞き、というといかにもさしさわりがありそうだが、そういう人間の本能的衝動《しょうどう》に根ざしているものが、すこしくらいの禁忌で霧消《むしょう》してしまうわけがない。昇華《しょうか》されてほかの形式をとらずにはいないのである。

⑭もっとも早く、そして、もっとも明瞭《めいりょう》な形をとって公認されているのが演劇である。

（中略）

⑮舞台上《ぶたいじょう》は内のコンテクストである。客席は外のコンテクストである。外のコンテクストに立って内のコンテクストを理解しようとする。想像力をかき立てられる。のぞきの好奇心に似ている。夢中になって見ていると、つい、外にいることを忘れて外と内のコンテクストが重なり合うような錯覚《さっかく》をもつ。けだし演劇の醍醐味《だいごみ》である。

⑯近代演劇がのぞき、立ち聞きの変形であることは疑問の余地のすくないところであるが、さらに、これがひとひねりされることもある。

⑰(C)ドラマティック・アイロニーの技巧《ぎこう》である。舞台にAとBの二人がいるとして、互《たが》いに話しているとする。Aの言ったせりふがBにはXの意味（通常ごくありきたりの意味）にとられる。ところが、Bの知らない事情をあらかじめ知らされている観客には、Xの意味だけではなく、Bには思いも及《およ》ばぬYという意味も同時に了解《りょうかい》できることがある。そうい

うことがある、のではなく、そういう効果をあげるように計算されているとき、ドラマティック・アイロニーと呼ばれる。

⑱普通の観客はのぞき、立ち聞きの立場にある。局外者としての負い目を感じる。おもしろさはともかく、充分《じゅうぶん》に理解し得ているかどうかに不安がある。ところが、ドラマティック・アイロニーでは、当事者よりも観客の方が多くのことを知っていることをはっきり実感できるようにされる。当事者にはXしかわからないのに、局外者がXとYを同時に了解することで優越感《ゆうえつかん》を味わうことができる。

⑲当事者の理解が絶対ではない典型的な事例である。これは演劇だけに限らず、人間の営みに広くあてはまるように思われる。観察者、傍観者《ぼうかんしゃ》が意外に深い意味をとらえていることがすくなくない。

（外山滋比古『異本論』による）

〔注〕※コンテクスト……一般的には「文脈」や「脈絡《みゃくらく》」という意味で用いられるが、本文では「その人が置かれている環境《かんきょう》や背景」といった意味で用いられている。
※彼我……相手と自分。本文では「局外者と当事者」といった意味で用いられている。
※曲解……相手の言葉や行動をわざと曲げて解釈し、素直に理解しないこと。
※けだし……おそらく。思うに。

問1　――線（A）「局外者」とありますが、本文中ではどのような者のことを言っていますか。最も適当なものを、次の中から一つ選び、記号で答えなさい。

ア　当事者ではないため、問題の知識が不足し、間違《まちが》ったことしか言わない者。
イ　当事者に劣《おと》らないほどの強い責任感をもって、事態を客観的に見つめる者。
ウ　当事者よりも事態を正確にとらえられ、自らの誤解もその都度修正できる者。
エ　当事者でないだけに、かえって事態を冷静にとらえられる可能性がある者。
オ　当事者が思いつかない興味深い視点を、必ず提供しなければならない者。

問2　――線（B）「異本化作用」とありますが、「異本」とはここでは「異なった解釈」という意味です。それをふまえ「異本化作用」について説明したものとして最も適当なものを、次の中から一つ選び、記号で答えなさい。

ア　部外者が、当事者の話を少しも聞くことなく、勝手に想像を働かせて独自の解釈を構築すること。

イ　部外者が、当事者からの非難を恐《おそ》れることなく、誤解に満ちた新たな解釈を社会に流し広めること。

ウ　部外者が、当事者の行為《こうい》に関心を持ち、独自の観点によって似てはいるが別の解釈を生み出すこと。

エ　部外者が、当事者のやりとりを立ち聞きし、発想を盗《ぬす》んで設定だけを変えた解釈を生み出すこと。

オ　部外者が、当事者に負い目を感じながら立ち聞きし、新たな解釈を加え日々の営みに生かすこと。

問3　**――線（C）「ドラマティック・アイロニーの技巧」とありますが、その効果の説明として最も適当なものを、次の中から一つ選び、記号で答えなさい。**

ア　ドラマティック・アイロニーは、舞台の俳優と観客の情報量の多少を逆転させ、観客に快感を感じさせる働きをする。

イ　ドラマティック・アイロニーは、舞台の俳優と観客の情報量の多少をより一層強く固定化させてしまう働きをする。

※解説は本冊 54 ページ

ウ　ドラマティック・アイロニーは、情報量が不足している観客の不安や焦《あせ》りを募《つの》らせ、一層舞台に引《ひ》き込む働きをする。

エ　ドラマティック・アイロニーは、情報量が少ない観客に対して最後に種明かしをすることで真実を知らせる働きをする。

オ　ドラマティック・アイロニーは、情報量の差がある俳優と観客のバランスを取り、観客の不満を解消させる働きをする。

説明的文章 問題2

法政大学第二高校入試問題（平成25年度）

※解説は本冊65ページ

次の文章を読んで、あとの問いに答えなさい。

①近頃どの分野でも「これぞプロ」というような人に出会うことが少くなった。自分の扱う商品についての基本的な知識さえ持たず、それを恥とも思わぬような連中が多すぎるのだ。

②そのたびにわたしは記憶の中にある「これぞプロ」という人々の姿を思い浮かべる。上海の茶館で二メートルもある彼方から卓上の急須に熱湯を注ぎ入れたボーイ。ミュンヘンのビアホールで何十個というジョッキを一度に運ぶ太った女性たち。あるいは昔、二十も三十も積みあげたソバの容器を肩に乗せて、自転車で運んだ出前持ち。それらはすべて名人芸といっていいみごとさであり、プロの熟練した芸であった。風俗という意味でのマナーであった。

③いまそれと同じことを人に求めようとは思わないが、その職業にたずさわっている以上

せめて最小限の専門知識は備えていて貰いたいと願う。それがつまり職業上の作法である。

④ところが近頃はコンビニエンスストアといわずファストフードの店といわず、床屋といわず、ときには書店でまで、入ったとたんに「イラッシャイマセー」と、終《しま》いを半音高い尻上りの発声で迎えられたりすることがよくある。そのたびにわたしはバカにされたように感じて不愉快になるが、なんであんな発声法が流行するのだろう。あれは舌足らずな幼児語で、それを真似ることで甘ったれた感じを出そうとでもいうのだろうか。とにかく「いらっしゃいませ」と短く発声するのが礼儀で、幼児性発揮には誠意のかけらも感じられないのである。客を迎える作法にまるでなっていない。

⑤昔わたしがよく通った古本屋の親父は、前掛けをして帳場に坐ったまま、客が入ってきても声をかけるでなく目礼するでなく、空気でも入って来たように表情を動かさなかった。前掛けの上に次々と本を乗せて値段づけをしているその姿にはしかし「書物の専門家」という自信が溢《あふ》れており、学生だったわたしなどは(A)彼に畏怖《いふ》の念すら抱いていたのであった。また事実その親父は本のことなら何を訊ねても答えられぬことなく、その知識の該博《がいはく》さはなまじな大学教授では及ぶまいと思われた。

⑥こういうのがわたしの考えるプロであり、専門の職業に通暁《つうぎょう》していることがプロのマナーなのである。しかし近年都心や郊外にできた大書店では、まずそんなプロ意識にお目にかかることは不可能だ。帳場（今はカウンターという）に本を持っていけば勘定はして

くれるが、ひとたび店にない書物を尋ねようものならきちんと答えられたためしがない。専門知識は皆無といってよく、しかも恬《てん》としてそれを恥じる様子もないのだからまいる。

⑦床屋だの食い物屋などにはよく店員どうし勝手におしゃべりに耽《ふけ》っているところがあるが、そういう店に出会うとわたしは黙ってとびだすことにしている。まずちゃんとした扱いをうけられる見込みがないからである。食い物屋ならまずく、床屋なら不潔でいいかげんな仕事をするに決っている。作法のあるなしはその店の格にかかわることで、作法のない人間にろくな人間がいないように、客に対する作法のなってない店にいい店は絶対にないのだ。

⑧その反対に、たとえばソバ屋などで店の亭主がガラス戸のむこうに手で熱心にソバを捏《こ》ねている人を見かけると、(B)わたしはとびこまずにいられない。万一にも汗や髪の毛が食い物に入ったりしないように白い上っ張りを着、コック帽をかぶって、一意専心ソバを捏ね、のばし、切ってゆく。その動作の一つ一つに少しのむだもなく、作業が流れるように運ぶのを見ているだけでも心はたのしくなる。プロの芸を見るたのしさである。大きな包丁で一分の狂いもなくソバが切り揃えられてゆくのを見るのは、ほとんど快感といっていい。

⑨そしてそういう職人のいるソバ屋なら必ず、つゆのだしにも、醤油にも、ソバの茹《ゆ》でかげん、冷水のさらしかげん、すべてに細心の注意と吟味を怠らぬもので、最上のソバに出会えること必定《ひつじょう》なのである。プロとは自分の仕事においてつねに最上の出来を求めねば気

のすまぬ人のことだからだ。

⑩そういうプロを昔は職人と呼んだが、唐木順三が明治維新後も型の文化を失わなかった人種の一つに職人をあげたように、職人には型がある。立居ふるまい、仕事のしぶり、物の言いよう、動作のすべてに一つの型があり、職種ごとの作法が決っているものである。大工が鋸《のこぎり》を引くさま、鉋《かんな》をかけるさま、材木をかつぐさま、ノミをふるうさま、尺を見るさま――すべて歌舞伎の所作のように型が決っていて、ムダがなく、姿が美しい。型があるとは完成した仕事のしぶり、身動きの作法があるということだと、彼らの仕事を見ていると納得するのだ。彼らはごつごつした手や、筋肉や、からだつきまでが、その職種そのものになりきっている。

⑪日本には室町時代からずっと受継がれ、(c)代々磨きぬかれてきた職人のわざ、芸、技術と、それを担ってきた職人たちの作法があった。職種は大工、建具《たてぐ》、屋根、左官、畳屋、経師《きょうじ》屋《や》と異なっていても、彼らは家を建てるという一つの目的のもとに集った職業集団であり、技を競いあう建築のプロであった。職人の誇りが彼らを支えていた。人が見ていようがいまいがプロとしての誇りを満足させる仕事をすることが、彼らの心意気であったのだ。日本にはそういう完成しきった職人というプロの型があった。

⑫が、それも一九六〇年代に商品としての家屋が出現して以来、急速にこわれつつある。

昔は大工たちが作る家屋は百年、二百年と代々の人間が住めることを前提にしてきたものだったが、商品としての家屋は見てくれのよさを第一に置き、永続を念頭におかず、せいぜい一代三十年（実際には二十年くらいでダメになる）もてばよいとして作られたものだ。レディーメイドの工場製品であるから、プロの技術を必要とせず、素人《しろうと》や半端職人がマニュアルどおりに組立てていけば完成する。この商品としての家屋が主流となったために、五百年もつづいた日本の職人芸はいまや滅亡寸前のところまで追いこまれているのである。注文主は無名の大工に頼んで伝統的家屋を作るより、有名な大会社の恰好のいい既成品を信用し好むようになったからだ。

⑬当然ながらそこには完成した職人の技術はなく、それとともに職人の心意気も作法も失われた。人間の行動の上の型が失われたのと同じように、仕事の型も、仕事をする工作人《ホモ・ファーベル》の作法もなくなってしまった。

⑭型として厳然とあった職人の技術と作法とが失われた背景には、ここでも日本の高度経済成長時代の影響があったことがわかる。家屋の大量生産による商品化と、工場による生産、建築技法のマニュアル化といった現象が、五百年来つづいたこの国の建築技術とそれを担う職人とを衰退させた。型の文化は破壊され、職人のマナーも失われた。つまりここでも社会の生産構造の変化が古き伝統文化を壊し、それに代る新しい作法を作るにいたらなかった事実が、目に見える形で起っていたのである。いまあの昔ながらの職人気質《かたぎ》がこの国の

どこに生きているだろう。

⑮現代社会のいろんな面でそういうふうに、経済構造の大変化のために人間の生き方の型がこわされてしまった。古い価値観が破壊され、それに代る新しい柱がたてられぬままぐらついているのが現代だと言うしかない。

⑯『ハムレット』第一幕第五場の終りに、ハムレットの科白《せりふ》として、

⑰ The time is out of joint.

（小田島雄志訳「今の世のなか関節がはずれている。」、木下順二訳「今は世の中の関節が外れている。」）

⑱とある。現代は世界中どこでもこの言葉のようになってしまっているようだが、中でもとくにわが日本は戦後五十年のあいだに今までのこの国人《くにびと》の生き方を支えてきた関節がすべてはずれたまま、新しい関節の構造は作られずに、がたがたぐらぐらしたままになっているかの如くだ。それが一方では政治家や官僚や経済人やの汚職、腐敗といった倫理的退廃としてあらわれ、一方では社会全体における倫理観と作法の喪失となってあらわれているのであろう。そしていわゆるバブル景気が破裂して経済全体がしぼんでしまった現在よ

うやく人の目につきだし、こわされたものに代る新しい社会構造と、その中での人間の生きる型とが求められだしたということなのであろう。必要なのは新しい価値体系であり、新しい倫理観である。倫理という関節をもう一度組み立て直さなければ、日本というからだ全体が再生することは不可能だという状態に、いまわれわれは置かれている。家は柱がなければ立たぬように、人間を人間たらしめるのは倫理なのだから。

（中野孝次『現代人の作法』による）

〔注〕※該博……物事に広く通じていること。学識などの広いこと。
※通暁……ある物事について大変詳しく知っていること。
※恬として……少しも気にかけない様子。平然として。
※『ハムレット』……イギリスの戯曲家・シェイクスピア（一五六四〜一六一六）の悲劇。

問1 ——線（A）「彼に畏怖の念すら抱いていたのであった」とはどのようなことですか。その説明として最も適切なものを、次の中から一つ選び、記号で答えなさい。

ア　客への礼儀にまで気が回らないほど、古書の仕事に全身全霊を尽くして臨んでいる親父に、一途さを発見し職業人として高く評価している。
イ　客に対する愛想はよくないものの、本に関する知識が豊富で自らの仕事に没頭している親父に、尊敬を交えた圧倒的な存在感を覚えていた。
ウ　大方の客を黙殺する一方で、本に関心を寄せてくる客には自分の知識を惜しみなく差し出す親父に、プロならではの厳しさを感じていた。
エ　客を認めない態度を貫き、自信満々な様子で店内を動き回る親父に、強い自負心と書物の専門意識に裏打ちされた威圧感を見出している。

問2 ——線（B）「わたしはとびこまずにいられない」のはなぜですか。その理由の説明として最も適切なものを、次の中から一つ選び、記号で答えなさい。

ア　むだのない正確な動作でソバを作る職人がいれば、全ての要素にこだわりぬいた、作品と呼んでもよいようなソバとの出会いが期待できるから。

イ　清潔かつ機敏な様子でソバ作りに集中する亭主の、客に自分の味を提供しようという心意気に満ちあふれた、プロの技を見るのが心地いいから。

ウ　ソバを手作りしようという志ある店には、ソバ以外の調理でも最高の出来を求め、プロの名に恥じない立派な仕事をしている職人がいるから。

エ　一生懸命ソバ作りに励むプロのいる店なら、客に対する作法を十分にわきまえ、きちんとした誠実なもてなしが受けられると予感されるから。

問3　**――線（C）「代々磨きぬかれてきた職人のわざ、芸、技術と、それを担ってきた職人たちの作法」が失われたと筆者は指摘していますが、それはなぜですか。その理由の説明として不適切なものを、次の中から一つ選び、記号で答えなさい。**

ア　高度経済成長時代には、大量生産の発想から建築とその技法の効率化が進行し、職人の昔ながらの技術なり心意気なりは要求されなくなったため。

イ　高度経済成長時代に、家屋はブランドの魅力を備え見た目に優れていれば、数代にわたって住めなくてもよいという価値観が支配的になったため。

ウ　一九六〇年代には、外見のよさと品質を両立させた既製品の家屋を作る大会社が飛躍を遂げ、伝統的な職業集団は弱体化せざるを得なかったため。

エ　一九六〇年代に、家屋は誰が見ていなくてもプロとして誇りをもって作るものから、マニュアルに従えば誰にでも作れるものへと変化したため。

説明的文章 問題3

東京都立高校入試問題（平成24年度）

※解説は本冊77ページ

次の文章を読んで、あとの問いに答えなさい。

①人の話を聞きながら、「ああ、この人は自分の言葉で話しているな。いい感じだな。」と思うことがある。内容を要約してしまえば特に変わったところはないのだが、話の表情の中にその人らしい個性がくっきりと姿を現すことがある。書くことも同じである。他方、その人の言葉ということをまったく感じさせない、没個性の話し方、書き方もある。事務的な場面ならよいが、いつでもどこでもワンパターンで話し、書いている人に接すると、「ああ、この人には自分の言葉がないな。貧しいな。」と感じてしまう。

②このことは自分自身についても言える。ちょっとした面談やスピーチから講義や講演まで、「ああ、今日は自分の言葉で話せた。よかった！」と感じるときもあれば、逆に、「かろうじて通り一遍の役目を果たしただけ。自分でないみたいだった。」と感じることもある。年賀状やメール・メッセージの一言から雑誌のエッセイ、論文や本に至るまで、書き終え

た瞬間に、「自分の言葉」で書けたかどうか分かる。話す方はもう取り返しがつかない。書き直しができる分だけ書く方がましだが、それでもどうしてもうまくいかないことがある。

③「自分の言葉」は「自分だけの言葉」とは違う。自分勝手な、独りよがりの言葉ではない。「ああ、あの人は自分で考えているな。自分の中で決着を付けて、それで言葉を発しているな。」と周りが察知できるような言葉。それが「自分の言葉」であることによって、それを聞いた他者に、その人自身の「自分の言葉」を思い出させてくれるような言葉。その意味で、深い社会性をもつ言葉である。言葉の発音や抑揚や表情、色合い、響き、感触、味わい、匂《にお》い、そのすべてを含めて、その人の独自の存在を喚起し、それによって聴き手や読み手も自分自身の独自の存在に改めて思い至るような言葉。人はそういう言葉に出会うと、そのメッセージ内容のよしあしとは別の次元で、「自分の言葉で話している／書いている」と評価するのである。

④言うまでもなく、ソシュール以来の現代言語学の常識によれば、「自分の言葉」などはありえない。言語はどんな個人にも属さない社会制度そのものであり、個々人は語彙《ごい》や文法や発声などの厳密な抽象的規則に従って具体的な言葉を発しているに過ぎない。個々人の言葉はそれぞれに異なるとは言え、その差異は全体の言語規則の前では無に等しい。「自分の言葉」などないのだ。たとえ私が今「自分の言葉」の価値をどれほど力説しようと、この私の言葉自身が既に現代日本語の語彙と規則に従った例文の一つであるほかはない。

Ⓐ現代日本語の全体からみれば、私の文章などは既に織り込み済みなのである。私は何とか「自分の言葉」の感触を表現しようとして泣いたり叫んだり、意味不明の呻《うめ》きを発したりすることもできる。だが、それはもはや「言葉」ではない。

⑤にもかかわらず、人は日常生活の中で「自分の言葉」が存在するかのように語る。学校では「自分の言葉で言いなさい。」と教えられる。私自身、自分の発言や文章を振り返り、「これは自分の言葉になっていなかった。」と反省する。この日常用語で言う「自分の言葉」の正体は何なのだろうか。

⑥一つは、標準的な話し方とは一味違った「その人らしい」話し方があるだろう。出身地の方言で堂々と語る、日頃《ひごろ》の文学趣味が言葉の端々に出てくる、などがその例である。厳密に言えば「自分の言葉」ではないのだが、相対的にみて「その人らしい言葉」と受け取られている。こういう例は少なくないだろう。

⑦もう一つは、人がその時その場の自分に訪れた感覚や感情や意志を図らずも外に表してしまう言葉である。意識の自己表出性の高い表現がこれに当たる。言葉を他人に何かを伝える手段として用いるのではなく、まず自分の中の得体《えたい》の知れない「内臓感覚」を外に表そうとして得られる、いわば目的としての言葉。詩的言語がその典型であり、意味はよく分からなくても価値に満ちた表現となって現れる。Ⓑ日常の社会生活の中では新奇な詩的表現は抑制されがちだが、それでも意識の自己表出が原初の言葉の誕生をなぞることが少な

くない。その場合、単語の配列や助詞・助動詞・副詞の変化、発声の微妙な移り変わりなどを通じて特異な印象を与える。この印象は言葉が「使われている」というよりも「生み出されている」という感覚からやってくるはずだ。

⑧ドライブ中に突然、視界に海が入ってきたとき、ただ相手に知らせるために「海だ！」と言うことと、その青く広くたゆたうものの出現に「うッ……。」と息をのみ、「う・うッ・うみだ！」と呟《つぶや》くことは同じではない。前者は既成の「海」という語彙を利用して相手に何かを伝えようとしているが、後者では「うみ」という語彙そのものの成立をなぞり、その誕生過程を図らずも再現しているのである。

⑨自己表出の言葉はその表現の美しさと強さによって聞く者、読む者に対して独特の力を及ぼす。この「自分の言葉」はそれ自体何かを他者に伝えることを第一義としないかわりに、他者を言葉の生成の現場に巻き込んでいく。他人のもつ「自分の言葉」が決して他人事ではないことに気付かせてしまう。そして、誰《だれ》かが「自分の言葉」で語り、書いているのを感受したとき、私もまた自分自身の「自分の言葉」で語り、書くことへと誘われてしまう。そうした誘惑を図らずも感じてしまうとき、人は他人の言葉に「自分の言葉」を聴き取っているのである。(C)自己表出による「自分の言葉」は一見すると「社会性」に欠けているように思えるが、実はより高く深い次元で「社会性」に満ちている。決して孤立した個人の独りよがりではないのだ。

説明的文章　問題3

⑩「自分の言葉」は詩人や芸術家、思想家や知識人の独占物ではない。その証拠に、言葉を体得し始めた幼児は「自分の言葉」のオンパレードである。「やま」と言い、「かわ」と言っても、その子の言葉だ。何を言っても、周りの注意を惹《ひ》く。生き生きとした表現のもつ美しさと強さに思わず引き込まれるからだろう。それに、親は幼い子供の言葉を注意深く聴き取っている。子供の方でも表現のしがいがあるのだろう。周囲からのサポートさえあれば、誰でもちょっとしたきっかけで「自分の言葉」が引き出されてくるはずだ。親身に注意深く、相手の言うことを聴き取ろうとする同伴者がいれば、誰もが「自分の言葉」を自由に編み出すことができる。

（宮原浩二郎『論力の時代』による）

〔注〕※ソシュール……スイスの言語学者。

問1 ——線（A）「現代日本語の全体からみれば、私の文章などは既に織り込み済みなのである」とありますが、筆者がこのように述べたのはなぜですか。次の中から最も適切なものを一つ選び、記号で答えなさい。

ア　言語は個人に属さない社会制度であるという考えによれば、筆者の個人的な意見など社会の中では取り上げるに値しないと考えたから。

イ　現代日本語には、筆者が文章で力説するまでもなく、「自分の言葉」という語彙がどこにも存在しないことは明らかであると考えたから。

ウ　言葉は抽象的規則に従って発せられるという現代言語学の常識によれば、筆者の文章も規則の域を出ない一例文に過ぎないと考えたから。

エ　現代日本語の言語規則には、「自分の言葉」によって筆者の意図する繊細な感触まで表現できないことが既に示されていると考えたから。

問2 ——線（B）「日常の社会生活の中では新奇な詩的表現は抑制されがちだが、それでも意識の自己表出が原初の言葉の誕生をなぞることが少なくない」とありますが、「意識の自己表出が原初の言葉の誕生をなぞる」とはどういうことですか。次の中から最も適切なものを一つ選び、記号で答えなさい。

ア　「内臓感覚」を意味のある言葉として表そうとする行為を通して、対象と意味とを結び付ける語彙の役割に改めて気付くということ。

イ　他者に何かを伝えようとして言葉を用いることが、意味の伝達を目的に成立した語彙の存在を再認識することにつながるということ。

ウ　日常の社会生活の中であえて詩的表現を用いようとすることによって、価値に満ちた表現としての新たな語彙が生まれるということ。

エ　内面の衝動を外に表そうとして言葉を用いる行為は、目の前の対象に感動して語彙が生み出された状況を再現しているということ。

問3　——線（C）「自己表出による『自分の言葉』は一見すると『社会性』に欠けているように思えるが、実はより高く深い次元で『社会性』に満ちている」とありますが、筆者がこのように述べたのはなぜですか。次の中から最も適切なものを一つ選び、記号で答えなさい。

ア　「自分の言葉」は、特異な印象はあっても、話し手の意図を誰もが理解できる点で社会に対して広く開かれた言葉であると考えたから。

イ　自己表出の言葉は、他者に何かを伝えるかわりに、表現のもつ美しさと強さによって他者から「自分の言葉」を引き出すと考えたから。

ウ　「自分の言葉」は、特定の人が使えばよい孤立した性質のものではなく、誰もが体得すべき社会性を役割として負っていると考えたから。

エ　幼児の自己表出は、「自分の言葉」としては未熟だが、やがて他者との社会的な関係を深める生き生きとした伝達手段になると考えたから。

文学的文章
問題1

渋谷教育学園渋谷中学校入試問題（平成26年度）

※解説は本冊89ページ

次の文章を読んで、あとの問いに答えなさい。

――愛川吾一《ごいち》は高等小学（現在の小学校にあたる学校）に通っており、登校の際、友人である京造の家の前で他の級友たちと合流するのを習慣としている。この日、級友である秋太郎が時間になってもやってこなかった。遅刻《ちこく》することを恐《おそ》れた吾一は級友たちをおいて一人で学校へと向かった。一方京造は他の級友を学校へ向かわせ、自分は秋太郎を迎《むか》えに行った。――

運動場にならんでいた生徒は、朝の礼がすむと、先生にみちびかれて、それぞれ教室にはいった。

京造と秋太郎がやってきたのは、それから七、八分もたったあとのことだった。

「いま、なんの時間か知っているか。」

次野《つぎの》先生は教壇《きょうだん》の上から、ふたりをにらみつけた。

「福野、おまえはなんでおくれてきたんだ。」

「………」

「寝《ね》ぼうをしたんだな。」

秋太郎は返事をするかわりに、あたまのてっぺんに手をやって、つるっとなでまわした。

「まっさきが修身の時間だというのに、あさ寝をするやつがあるか。――小村、おまえはどうしたんだ。」

京造はなんにも言わないで、黙《だま》って立っていた。

「おまえも、あさ寝したんか。」

京造は答えなかった。結んだ口を心もちゆがめただけだった。

「しようのないやつだ。ふたりとも、そこに立っていなさい。」

秋太郎はまた、あたまをなであげた。

京造はじろっと、教壇のほうをにらんだが、すぐ姿勢を正しくして、きりっと立った。

吾一は京造が気の毒でならなかった。なぜ京造はほんとうのことを言わないのかしらと思った。自分は朝ねぼうをしていたのではありません。これこれでおくれたんですと、はっきり言えばいいじゃないか。自分のことは、自分じゃ言いにくいのかしら。それなら、作次が、なんかひとこと、言ってやればいいのにと思った。が、吾一にも、「先生。」と手をあげる勇気はなかった。

先生は前の話を続けた。しかし吾一には、その話はあまりあたまにはいらなかった。先生の話よりも、目の前にいる京造の姿のほうが、もっと大きく、彼《かれ》の上にのしかかってきた。因果《いんが》なことに、彼は背が低いものだから、一番まえの机にいた。そのすぐ前に京造は立っているのである。いやでもふたりは顔を合わせないわけにはいかなかった。

ふたりの目と目がかち合った。吾一はあい手の目を見ることができなかった。彼はあわてて目をふせてしまった。

向こうは学校におくれてきたのだ。そして立たされているのだ。こっちはきちんと学校にきたのだ。どっちが正しいか、そんなことはわかりきったことだ。それでいながら、吾一の心は草の葉のようにゆれていた。

どうも立たされている彼のほうが立派で、腰《こし》かけてる自分のほうが、かえって恥《は》ずかしい気もちだった。彼はそれがなんだかくやしかった。京造のほうがまちがったことをしているくせに、なんだってこっちが、こんなにぐいぐいおさえつけられるのだろう。

あいつといっしょだと、おれはときどきこんな目にあわされる。あいつは学校はできないが、タクアン石のように、どっしりとしたところがある。学問のうえではけいべつしていながら、けいべつしきれない、何か不思議なものが、京造のからだの中には根を張っていた。

彼はそんなことを考えながら、うす目をあけて、そうっと前を見た。京造はあい変わらず、丸ばしらのようにどっしりと、突《つ》っ立《た》っていた。

「愛川、おまえはどうだ。」

突然《とつぜん》、先生の質問が飛んできた。吾一は不意《ふい》をくらって、少しどぎまぎしたが、それでも、すぐ立ちあがって、要領《ようりょう》よく答えた。

「そう、そのとおり。」

と、次野先生は満足そうに言った。

吾一はしずかに腰をおろした。その時また、京造の目とかち合った。京造の目は前よりも、もっと光っていた。光が吾一の目にささった。彼はある痛みを感じた。しかし、そんなふうに、上のほうから見おろされると、今度は、彼もつい負けたくなかった。

「でも、今のような答え、きさまにできるかい。」吾一はそういう目で、(A)向こうを見かえした。

「では、きょうの修身はそこまでにして、——ちょっと、みんなに聞いてみたいことがあるんだが……」

と、次野先生は急にことばの調子を変えた。そして、いま町に建設中の中学校のことを話しだした。工事がおくれて、ことしのまには合わないだろう、といううわさも立っていたが、それはやはりうわさで、四月には確かに開校する。また、その前には入学試験もおこなわれるはずである。ついては学校でも、それに対していろいろ準備をするつごうがあるから、中学校にはいりたい者は手をあげなさい、と先生は言った。

吾一らの組は高等小学の二年だった。そのころの高等二年というのは、今の尋常《じんじょう》小学六年級に相当《そうとう》する。彼らはこれから中学にはいるか、はいらないかの、ちょうど、わかれ目に立っているのだ。中学にはいって、それからだんだん上へのしていくか、それとも、このちいさな町の土になってしまうか、ここが一生のわかれ道だった。吾一はかねてから、はいりたくってたまらなかった。先生も、おまえは、はいるほうがいい、と言ってくれた。だが、彼はすぐ手をあげて、「先生、はいりたいんです。」と、言えるような、めぐまれた境遇《きょうぐう》にいるのではなかった。

ほかの者もみんな、はっきりしたことは言えないのだろう。お互いに顔を見あうばかりで、手をあげる者は、ひとりもなかった。その時、

「先生。」

と、立っている秋太郎が手をあげた。

「わし、行きたいんです。」

「行くのはいいが、遅刻するようじゃ、入学試験は受からないぞ。」

みんながどっと笑った。

そのほかには、中学に行きたいと、はっきり答えた者はひとりもなかった。それでは、よくうちで相談してくるように、と先生は言って、その時間はおしまいになった。

みんな運動場に出た。京造や秋太郎もゆるされて運動場に出た。

吾一は、けさ、先に駆《か》けてきてしまったことが、気がとがめてしかたがなかった。彼は「さっきはどうも……」と言うかわりに、「遊ぼう。」と言って、にこにこしながら、京造のそばに近づいて行った。彼らのあいだでは、しばしば「遊ぼう。」が「ごめんね。」「仲よくしようね。」に通用した。

京造は、そのことばが聞こえなかったのか、——聞こえないはずはないと思うのだが、

「秋ちゃん、おめえ、ほんとうに中学に行くのか。」

と、急に秋太郎のほうに、からだをねじってしまった。

わざと避《さ》けたわけではないのかもしれないが、(B)吾一にはその態度が不愉快《ふゆかい》だった。

「うん。行くよ。」

秋太郎は軽く答えた。

「バカだな。中学なんか行ったって、どうするんだ。」

「だって、おとっつぁんが行けってんだもの。」

「おとっつぁんが言ったってさ……」

「そうだとも、中学なんかつまらねえや。よせ、よせ。」

作次もそばから口を出した。

そのころ、このちいさい町では、中学というものは、そんなに歓迎《かんげい》されなかった。中学

なんかやると、なま意気になるというのが、一致《いっち》した意見だった。それが自然にここに反映《はんえい》したわけだろうが、しかし吾一は、こんなふうに秋太郎がみんなからやられているのを見ると、なんだか気の毒になった。彼は、けさ、秋太郎を迎えに行ってやらなかったので、なんとなく気がひけていたところだったから、秋太郎をかばってやる気になった。

「そんなこと言わなくたっていいよ。行きたいものは、行ったっていいじゃないか。」

「だけど、うちのおとっつぁん、言ってたよ、中学へ行ったって、五寸角はかつげねえって。」

「中学は材木やじゃねえよ。」

吾一はすばやく切り返した。

「そ、それはそうだけど、なに商売にも役に立たねえってさ。」

ことばでは京造はさっぱり、さえなかった。向こうがたじたじとなったところをおさえて、吾一は上のほうから言った。

「立つか、立たねえかは、やってみなくっちゃわかんねえよ。」

と、作次は急に横から吾一に迫《せま》った。

「そんなこと言って、おめえも中学に行くんけえ。」

「おらあ、どうだかわかんねえよ。——おら、どうだかわかんねえが、中学へ行っちゃいけねえってことはねえじゃねえか。行っていけねえもの、県庁で建てるわけがあるけえ。」

吾一にこう言われると、反対派はまともに突っかかっていくことは困難だった。作次はまた、側面からからんでいった。

「ふん、そんなこと言うんなら、おめえも中学へ行ったらいいじゃねえか。」

「おら、わかんねえよ。わかんねえって言っているのに、――わかんねえ人だな。」

ほんとうのことを言うと、「ああ、おれは行くよ。行ったら、それがどうだっていうんだい。」と吾一は強くはね返してやりたかった。が、そう、はっきりと、はね返してやることのできない自分を、彼はなさけなく思った。

あいつらは、おれが中学へ行きたいことを知っているんだ。そして、行けないことも知っているんだ。それでこんなことを言うんだなと思うと、吾一はくやしくってたまらなかった。

「畜生《ちくしょう》、今に見ていろ、おれはきっと、中学へ行ってみせるぞ。中学校の制服を着て、きさまたちの前を大またに歩いてみせるぞ。」腹の底にぐっと力を入れて、彼は何ものかに、堅《かた》く誓《ちか》った。

（山本有三『路傍《ろぼう》の石』による）

〔注〕※修身……現在の「道徳」の授業に当たるもの。
※尋常小学校……当時の小学校のこと。

問1 ――線（A）「向こうを見かえした」とありますが、そのときの吾一の気持ちはどのようなものですか。最も適切なものを、次の中から一つ選び、記号で答えなさい。

ア　堂々と立っている京造に気おされていたが、先生の質問を機にどうにか落ち着きを取りもどし、勉強では自分が上であると京造への対抗心《たいこうしん》を燃やしている。

イ　目の前にいる京造から無言の圧力を感じていたが、先生の質問によって我を取りもどし、責めるような視線を送ってくる京造に対して自己の正当性を誇示《こじ》したがっている。

ウ　自分を強く見つめてくる京造におびえていたが、先生の質問にうまく答えることができ、京造の圧迫感《あっぱくかん》に打ち勝つことができたことを誇《ほこ》らしく思っている。

エ　何も感じていないかのような京造の態度にたじろいでいたが、先生の質問に冷静に対処でき、学問だけは学校の誰《だれ》にも負けないという自尊心を取りもどしている。

オ　動じる様子もない京造の視線に困惑《こんわく》していたが、先生の質問によって気分が落ち着き、しつこく自分を責める京造に勉強で仕返しをしてやろうと敵対心を募《つの》らせている。

問2 ――線（B）「吾一にはその態度が不愉快だった」とありますが、それはなぜですか。最もふさわしいものを、次の中から一つ選び、記号で答えなさい。

ア　吾一が京造と秋太郎と仲よくしたいと申し出たのにもかかわらず、京造がそれをかたくなに拒絶《きょぜつ》しようとしたから。

イ　吾一が秋太郎のことを心配して笑顔《えがお》で話しかけたにもかかわらず、京造がそれを受け止めようとさえしなかったから。

ウ　吾一がみんなに気をつかわせないように明るく話しかけたにもかかわらず、京造が中学のことを批判するような態度を取ったから。

エ　吾一が謝罪と仲直りの意味をこめて遊びに誘《さそ》ったにもかかわらず、京造が急に体の向きを変え秋太郎と話を始めてしまったから。

オ　吾一が京造と秋太郎を気づかって話しかけたにもかかわらず、京造が無視するかのようなぞんざいな態度を見せたから。

問3 登場人物についての説明としてふさわしいものを、次の中から二つ選び、記号で答えなさい。

ア　吾一は、先生の言うことや決まりごとを守ろうとする人物であるが、見方を変えれば権威《けんい》に対して逆らいきれない人物であるとも言える。

イ　吾一は、負《ま》けず嫌《ぎら》いでかたくなな性格であるが、それは自分の考えを貫《つらぬ》き困難を克服《こくふく》しようとする姿勢に通じるものでもある。

ウ　吾一は、学問のできない京造のことを見くだしているが、一方で自分にない不思議なものを持っている点をうらやましく思っている。

エ　京造は、気に入らないものに対しては徹底《てってい》してあらがおうとし、吾一の優等生ぶりについても常々不満を抱《いだ》いている。

オ　京造は、弁が立たず勉強もできるわけではないが、自分の信念を曲げようとしない芯《しん》の強い性格である。

カ　秋太郎は、先生に叱《しか》られても悪びれず、父親の言うことをそのまま受け入れる素《す》直《なお》さと、不遇《ふぐう》な環境《かんきょう》にめげない明るさを持っている。

キ　作次は、まともな議論では吾一に勝つことができないので、吾一の弱いところをつき一泡《ひとあわ》吹《ふ》かせてやろうと機をうかがっている。

文学的文章 問題2

東京都立高校入試問題（平成26年度）

※解説は本冊102ページ

次の文章を読んで、あとの問いに答えなさい。

――理科教師として、海辺の町にある中学校へ期限付きで赴任した紺野《こんの》先生は、秋の日の午後、海岸の堤防を散歩していた。――

堤防の少年たちは、次の日曜日にひかえた運動会の練習をしていた。クラス対抗で行われる競技に、よい成績をおさめようというのである。山がすぐそこまで迫った海辺の町のこと。斜面をのぼる細い坂道が多く、練習をする場所はかぎられていた。学校の庭は練習日が割り当てになっているので、その日以外に練習をしたいときには町のどこかに場所を探さねばならなかった。とくに熱心なクラスの少年たちは海風に吹かれながら、堤防を走っていた。風は強いが、町で唯一の直線の走行路である。

秋の日暮れはせわしない。西の海ははやくも白金《プラチナ》のように煌《きら》めいている。夕靄《ゆうもや》にかすんだ太陽は、あたりの雲を紅に染めながら、先を急いで傾いてゆく。黄金色《きんいろ》が西の海全体に広まった。だが、やがて海面にほどこされた金箔《きんぱく》は、少しずつ剥《は》がれて波間に消え、紫雲のたなびく海へのみこまれてしまう。

少年たちは白い体操服の背に西陽《にしび》を受け、バトンの受け渡しの練習をくりかえしていた。彼らは夏の名残の日焼けした腕をふる。浜辺では走り幅跳びの踏み切りを、さかんに練習している生徒もいる。薄暮が満ちてくるにつれ、シュウズの白さがきわだった。少年たちは無駄口をきかない。号令をかけ、合図をおくり、記録を確認してはときおり歓声をあげた。

紺野先生は堤防の端に自転車をとめ、少年たちの練習をながめている。はじめのうちは先生のことを意識していた少年たちも、しだいに練習に没頭する。紺野先生は、海辺の町の夕暮れはどんなだろうと思いついて、ふらりと散歩に出たのだった。南に山、北に海の広がる土地。この季節、紺野先生はちょっとした目当てがあってこの町への赴任を悦《よろこ》んだ。日没とともに、北斗七星が水平線すれすれに姿を見せる。海岸が南側にある町で生まれた紺野先生には、わざわざ時間をさく価値のある光景だ。この土地で、毎日北の海をながめている少年たちは、どうだろうか。紺野先生はそんなことを思いながら、影の行き交う堤防に目を凝らした。

ぽつんと、少し離れたところに制服姿の少年がいて、皆の練習を見るでもなく、沈んだ顔をして腰かけていた。紺野先生は気になってその少年の傍《そば》へ行った。

「きみは練習をしないのかい、」

少年は小さく溜《た》め息《いき》をついたあとで、脇《わき》においてあった松葉杖《まつばづえ》を見せた。彼は、左の足首に繃帯《ほうたい》をしている。

「なるほど、怪我《けが》をしていたのか。」

「土曜日に、自転車ごと坂道を転げ落ちて挫《くじ》いたんだ。舗装が剥がれていて、車輪が横滑りしたんです。骨折はしてないけど、歩くのがやっとだから、運動会は棄権です。」

少年はほんとうならリレーの選手だった。足の速い子は敏捷《はしこ》さが顔にでるもので、この少年もそんなようすをしていた。ときおり口惜しそうに、級友たちの練習風景にまなざしを向け、溜め息をつく。いつのまにか陽が沈み、潮のかおりがきつくなっていた。

「先生は散歩ですか。ここらへんはずっと堤防がつづいているだけですよ。」

少年が云《い》う。

(A)「でも、見晴らしがいいね。水平線をながめるにはもってこいだ。」

紺野先生は浮き浮きしたようすで、群青《ぐんじょう》に深まってゆく夜天《そら》を見わたした。少年はいつも見慣れたこの海がそんなにいいものかと、つられてながめ、首をひねる。秋の夜天は一等星が少ない。地味な星ばかりだ。

堤防に照明が点《とも》った。あたりに少年たちの帰宅をうながす気配が漂い、ちらばって練習していた少年たちは帰り仕度をはじめる。ようやく談笑する声がもれて、彼らの表情が和んだ。やがて、それぞれの家のある方向へ散ってゆく。何人かの生徒が、紺野先生と松葉杖の少年のまえを通り過ぎ、声をかけてゆく。(B)少年はうなずくものの、うつむいた顔をあげずに黙っていた。

「ここは意外に明るいな。もっと暗いところはないかな。」

堤防は水銀灯に照らされ、煌々《こうこう》と明るい。紺野先生はあたりを見まわした。

「うちの庭からも水平線が見えますよ。灯《ひ》もありません。よろしかったら、いらしてください。」

少年の家は張り出した斜面にあるらしい。紺野先生は訪ねてみることにした。少年を自転車に乗せ、通りを押して行く。彼の家では、痩《や》せがたの母親が迎え、「まあ、先生が送ってくださるなんて。」と恐縮する。少年の家は紺野先生が想像していたよりもずっと大きかった。よく手入れされた庭の端に露台のような石囲いがあり、なるほどそこから海がよく見える。

「北斗七星には連星があるんだよ。きみは目がいいかい。肉眼でもふたつあるのがわかるから見てごらん。柄のところだ。厳密に云うと、そのふたつの星のあいだにはまだひとつの星がある。しかも、さっきの星のひとつはさらにべつの星との連星なんだ。」

「ややこしいですね。」

紺野先生は自分ばかりが愉《たの》しんでいるようで、気がひける。浮かない顔の少年にもうひとつ耳寄りな話を披露した。

「見てごらん。北斗七星のひしゃくのところを。海の水を汲《く》んでいるように見えるだろう。」

ⓒ少年はそう云われて、水平線に目を凝らした。ひしゃくの一部が水平線に没して、わずかに海水を汲んでいる。秋の深まるこの季節だけの光景だと、紺野先生はつけくわえた。

「へえ、あのひしゃくは水を汲めるのか。だてぢゃなかったんだ。」

少年は感心したように海をながめ、沈んでいた表情に笑みを浮かべた。

「先生は来週まででしょう。ぼくの足の速いところを見せられなくて残念だな。」

紺野先生を玄関まで見送りに出た少年は、よく履きこなしたシュウズを示しながらそう云う。紺野先生は元気よく手をふって少年と別れた。


（長野まゆみ『夏帽子』による）

問1 ——線（A）「でも、見晴らしがいいね。水平線をながめるにはもってこいだ」とありますが、このときの紺野先生の気持ちとして最も適切なものを、次の中から一つ選び、記号で答えなさい。

ア　見晴らしのよい水平線の上の空が群青に深まっていくことに気付かない少年に、何とかそのよさを感じてほしいと思う気持ち。

イ　自分は価値があると思っている北の海をつまらないと言う少年に、北斗七星のすばらしさを伝えたくて強く反論したい気持ち。

ウ　少年の言葉をよそに、ようやく見られる北の海の夜空に期待を寄せて一人で水平線をながめることに集中しようと思う気持ち。

エ　沈んだ様子の少年が気になりながらも、北斗七星が水平線上に見える光景をながめられる期待とうれしさで心が躍るような気持ち。

問2 ——線（B）「少年はうなずくものの、うつむいた顔をあげずに黙っていた」とありますが、この表現から読み取れる「少年」の様子として最も適切なものを、次の中から一つ選び、記号で答えなさい。

※解説は本冊102ページ

ア　練習はできないもののせめて見学はしようと思っていたが、日没で他の生徒が帰ってしまい残念に思って落ち込んでいる様子。

イ　練習を終えてくつろぎながら帰る級友と比べて走れない自分にやり切れなさを感じ、声をかけられても答えられずにいる様子。

ウ　練習する級友たちを一人だけで見ていたいのに、紺野先生に話しかけられて恥ずかしくなってしまったことを隠そうとしている様子。

エ　練習に参加できないことで孤立してしまうと不安に感じていたが、級友に声をかけられて余計な心配だったとほっとしている様子。

問3　**――線（C）「少年はそう云われて、水平線に目を凝らした」とありますが、「少年」が「水平線に目を凝らした」わけとして最も適切なものを、次の中から一つ選び、記号で答えなさい。**

ア　北斗七星について考えもしなかったことを紺野先生から言われ、その光景を自分から確かめずにはいられない気持ちになったから。

イ　自分を励ましてくれる紺野先生の気持ちを察して、せめて態度だけでも興味を抱いていることを示そうという気持ちになったから。

ウ　紺野先生の北斗七星についての説明が信じられず、疑問を抱きながらも実際に見てから質問してみようという気持ちになったから。

エ　以前から関心をもっていたことを紺野先生から言われ、一緒に北斗七星が海の水を汲む様子を楽しみたい気持ちになったから。

文学的文章 問題3

東京学芸大学附属高校入試問題（平成26年度）

※解説は本冊114ページ

次の文章を読んで、あとの問いに答えなさい。

――主人公の四季野《しきの》は、大学卒業後、名の通ったスーパーマーケットの事務で働いていた。ある時、思い立って休職し、アフリカにある診療所にボランティアとして手伝いに行った。期限は二年間である。――

国中に純白に近いものが見えないということに四季野は疲れるような気がした。そんな時、真っ白な便箋《びんせん》に書かれた藍山修司《あいやましゅうじ》の手紙を見ると、心が和んだ。日本に帰ったら純白という色を思う存分見よう、と決心した。桜が見たいでしょうとか、モミジの頃《ころ》には帰って来てください、とか言う日本からの手紙の中には、優しい情緒が含まれている。しかし四季野は「白」に包まれることを夢見ていた。白いシーツ、真っ白いシャツブラウス、白い封筒、白いナプキン、真っ白いパン。

しかしこの土地の人々にも、元気のいい修道女たちにも、自然な生気が漲《みなぎ》っていた。不潔でも死なない。子供は死んでもまた生まれる。裸足《はだし》でも歩ける。「お母さんのあなたにはお薬は四粒よ。子供には半分の二粒よ。いいこと？　ちゃんと覚えていてね。」と薬を渡そうとすると、「来週また来ます。」と言う。

「あなたのうちはどこなの？」

細い声で答える地名はもちろんシスター清水にも四季野にもわからなかった。傍《そば》にいる土地のシスターの解説では、約十キロ、二時間あれば歩いてこられるという。往復になると二十キロである。しかしつまりこの母は、四粒ということが記憶できるかどうかも自信がなかったし、ましてや四粒の半分が二粒だということを理解することもできなかった。だからここまで来て飲ませてもらう方が安心なのだ。
(A)自然におかれた状態に甘んじて逆らわない。生きて行くだけの必要なものは、何とか与えられている。だから生きてこられたのだ。このことを、壮大な天の川の下、あたりには蛍の飛び交う闇《やみ》の中で、四季野は発見したのだ。
ちょうどその頃であった。いつのまにか薬を出す役は四季野の仕事になっていた。

薬を包む紙は、フランスの修道会本部が送って来た会議の資料とか、古い雑誌のページとかを、夜になると年寄りの修道女がランプの光で切って作っておいてくれたものだった。

ヨーロッパから何カ月遅れかで届けられて来る週刊誌は、更に三カ月経《た》ってみんなが読み廻《まわ》し終わると、すべてのページはばらされて包装紙になる。雑誌に対しては「骨までしゃぶる」という表現はないだろうが、まさにそんな感じであった。でも最近、その年寄りのシスターは体調を崩して、包装紙作りの作業がほとんどできなくなっていた。

ある日、四季野は指示された薬の粒を数えて紙に包んでいた。包《つつみ》を患者に渡す時は、軽く放り出すようにする。それは無礼なのではなく、四季野にせよシスター清水にせよ、この土地では外国人は皆「悪魔の眼《め》」を持っていると信じられているから、直接手渡すことによって悪霊《あくりょう》自体がうつった、と言われることを防ぐためであった。

数人の人への投薬をしながら、四季野はついに包装紙が底をついたことを知った。四季野は、シスター清水に声をかけた。

「薬の包装紙がなくなったんですけど……どれか切って使っていい紙はありませんか。」

「そうねえ、この辺にはないけど、誰《だれ》かに聞いてみて。」

つまりシスター清水にも、切って使っていい無駄紙の存在がすぐには思い浮かばないのであった。四季野はいつもよく相談に乗ってくれるアンジェリカというシスターのところに行った。

「ねえシスター、どこかに新聞紙か何かないかしら。」

「新聞は、パリから来るけどね。」

冗談か本気かわからなかった。

「古い手紙か何かない？　シスターが昔に書いたラブレターの書き崩しは取ってない？」

四季野はそれくらいのフランス語は言えるようになっていた。全く最近の若い娘は手に負えないよ、という調子でアンジェリカは両手を上げて肩をすくめて笑った。

四季野は今は自分が占拠している足ががたがたで傷だらけの机の所に戻った。ここでの四季野の生活にはティッシュペーパーもどこかの会社がただでくれるメモ用紙もなかった。トイレットペーパーもないと言うわけではないが、高いし、いつでもマーケットで売っているというわけではないから、たいていの場合は水処理で済ませている。

四季野はベルトにつけた鍵《かぎ》を取り出して机の引き出しを開けてみた。日記代《がわ》りのノートも、日本ならいくらでもページを割いて包装紙代りに使う気になる。しかしこの村ではノートがなくなれば、代りはすぐには買えない。

四季野はちょっと考えてから藍山修司の手紙を手にした。便箋は二枚。一枚を四枚に切れば、八人分の薬を包める。封筒でまた二人分か四人分。

修司からの手紙を切る時、(B)不思議と心が痛まなかった。四季野は修道女でもないのだから、この村の人たちにそれほどの誠意を見せる必要もない。しかし四季野は、生きることを優先するのを自然だと感じるようになっていた。四つ切りにされた好意の証《あかし》の手紙の上に錠剤を置くと、修司の字を見つめながら四季野はきっちりと薬を包み、「落とさないでね。」

と子供を背負った女に注意した。それから半年ほどして四季野は日本に帰って来たのだ。

藍山修司は帰省中だった。というかこの地方に出張の仕事があったので、日曜日の休みを振り替えて家に帰るので、その時三十分でいいから会えないか、と言って来たのである。四季野は、駅前のビルにできたこぎれいな喫茶店に入った。五分前だったのに、修司はいて、四季野の顔を見ると立ち上がって迎えた。

「帰って来てもう落ちついた？」

「いいえまだ、時差が残っていますけど。」

「よく頑張ったね。」

「だって土地の人は平気で一生生きてるのよ。」

「それはそうだけど。マラリア、恐《こわ》かっただろう？」

「そうねえ、でも私は罹《かか》らなかったの。なぜかわからないけど。シスターたちは、次々にやられたのに、私は鈍感なのね。」

そう言ってから、四季野はやっと言うべき言葉を思い出した。

「お手紙ありがとうございました。」

「二通出したんだけど、着いた？」

「一通だけ。」

「そう。二通書いたんだけどね。」

「ごめんなさいね。じゃ、ご返事しなかったことになるわね。」

「いや、それはいいんだけど。」

二人は同時に、多分別々の意味で「もったいない」と思っていそうだった。修司は自分が書いてやった内容が届かなかったことを、そして四季野自身は、現実的な自分が、一瞬にもせよ十二人分の包装紙が着かなかったことを惜しんだのではないか、と恐れた。

「君が石鹸《せっけん》がない話を書いて来てくれたから、実は石鹸を送ろうと思って相談の手紙だったんだ。」

「ありがとうございます。でも多分届かないと思うわ。」

「どうして？」

「いろんな人が盗むから。税関とか、配達の人とか。」

「書き留めにすれば？」

「書き留めにしたって同じことよ。クレームつけたってそんなもの日本から荷物が来ていない、と言い張れば、それで終わりよ。取った人の勝ち、の国なのよ。貧乏ってそういうもんでしょう。」

「でもそれは泥棒だぜ。」

「泥棒も恵むの。盗んだ人は石鹸を自分一人で使ったりしないから、売ってお金は少しずつ皆に分けるの。未亡人の姉とか、男に捨てられた従姉《いとこ》とか、体中痛がる叔母さんが呪術《じゅじゅつ》師《し》に行く費用にするのよ。」

「むちゃくちゃだね。」

「でも、むちゃくちゃで生きて来たのよ、あそこの人たちは。むちゃくちゃも一つの生き方だから。」
(C)四季野は修司との間の深淵《しんえん》を見た思いだったが、気をとりなおして言った。
「今日はおいしいコーヒー御馳走《ごちそう》してくださるんでしょう?」

「あの国はコーヒーの産地だろう?」

「ええ、でも上等品は皆、日本や他の国に輸出するから、シスターたちは裏庭に生えてるレモングラスを飲むの。生き生きしてて色がきれいな貧乏人のお茶よ。」


（曽野綾子「手紙を切る」による）

〔注〕※修道女……キリスト教の修道院に入った女性のこと。シスターと呼ばれる。四季野が行った診療所は、フランスに本部がある修道会によって営まれている。
※レモングラス……香草の一種。

問1 ——線（A）「自然におかれた状態に甘んじて逆らわない」とありますが、どういうことですか。その説明として最も適切なものを、次の中から一つ選び、記号で答えなさい。

ア 物質的な豊かさを否定し、現状を受け入れながら精神としての豊かさを求めているということ。

イ 今ある暮らしをそのまま受け入れ、その中で自分たちなりに生きていこうとしているということ。

ウ 人の営みは他との関係のうちにあると考え、周囲に逆らわず感謝して暮らそうとするということ。

エ ありのままの生活に満足し、環境に頼り切って特別に努力も改善もしようとはしないということ。

オ 文明的な生活ではないことを甘んじて受け入れ、自然を壊さずに生活しようとしているということ。

問2 ——線（B）「不思議と心が痛まなかった」とありますが、その理由の説明として

最も適切なものを、次の中から一つ選び、記号で答えなさい。

ア　修司からの手紙は、周りの人たちへの配慮と善意に満ちているものであり、切ってばらばらにして使うほうが、かえって手紙を出した修司の気持ちに応《こた》えることになると思うようになっていたから。

イ　修司からの手紙は、自分への好意を示してくれるものであり、切ってしまうのはその気持ちを裏切ることになるけれども、やはり、今目の前で苦しんでいる人を救うほうを優先することを決意していたから。

ウ　修司からの手紙は、自分を気にかけてくれることがわかり、穏やかな気持ちをもたらすものではあるけれども、その一方で、生きるために必要なら何でも使っていくのが当然だという感覚が身についてきていたから。

エ　修司からの手紙は、自分への気づかいを感じさせ、心を和ませてくれるものではあるけれども、診療所でのシスターたちの献身的な態度から、自分も何かを犠牲にしなければならないと考えるようになっていたから。

オ　修司からの手紙は、すでに何度も読みつくして内容は頭に刻み込まれており、たとえ薬の包装紙にされてさまざまな人の手に渡ったとしても、そこに込められた四季野に対する好意は変わることがないと感じていたから。

問3　——線（C）「四季野は修司との間の深淵を見た思いだった」とありますが、どういうことですか。その説明として最も適切なものを、次の中から一つ選び、記号で答えなさい。

ア　相互に理解していると思っていたが、修司は四季野のことを非難しているとわかり、修司との世界観の違いを一種の恐ろしさとともに感じたということ。

イ　自分の価値観がアフリカでの生活を経て深いところで大きく変わってしまったことを理解し、修司とは決してわかりあえないことを改めて感じたということ。

ウ　盗みについての修司の考え方は豊かな生活をする人間のものであり、生きるための盗みであれば許されるという四季野の考え方とは違うことがわかったということ。

エ　手紙の内容から修司は自分に好意を抱いているのだと思っていたが、アフリカでの生活を理解しようとしない修司の態度を見て、自分への好意も偽りであるとわかったということ。

オ　どのような内容を話しても互いの言葉が意味することが異なり、四季野には目の前で話している修司の発言の意味がわからず、修司について何も知らないことを改めて感じたということ。